홍차
너무나
영국적인

지금 우리에게 홍차 한 잔이 필요한 이유

홍차
너무나
영국적인

박영자 지음

한길사

Tea, Extremely English
by Park, Young-ja

Published by Hangilsa Publishing Co., Ltd., Korea, 2014

일러두기

이 책에 나오는 '영국인'이나 '영국식'의 대상에는 영연합왕국(The United Kingdom of
Great Britain and Northern Ireland)에 속한 스코티시(Scotish), 웰시(Welsh), 북아이리
시(Northern Irish)를 제외한 잉글리시(English)만 해당된다. 네 연합국의 문화가 달라 이
를 전 영국인(British)으로 통합하는 데는 무리가 있음을 밝힌다.

"맙소사! 차 마실 시간이군.
큰 사건이건 말건
차 마실 시간을 방해할 수 있는 것은
아무것도 없지!"

홍차 중독자 미식

홍차를 마시며, 영국과 영국인을 엿보다

몇 해 전, 그러니까 각국의 드라마를 미드, 영드, 일드 등으로 줄여 부르기 시작할 즈음 나는 영국에 있었다. 그곳에서는 흡입력 면에서 미드의 최고봉이라고 할 수 있는 「프리즌 브레이크」^{Prison Break} 때문에 일상이 초토화된 한국 유학생들을 어렵잖게 만날 수 있었다. 이 드라마는 마약과도 같았다. 보지 않았다면 모를까, 첫 회를 보고 나서 편히 일상으로 돌아갈 수 있는 사람은 거의 없어 보였다. 지독하리만치 중독성 강한 스토리텔링 구조는 유학생들을 시와 때를 잊은 채 컴퓨터 모니터만 들여다보는 얼빠진 좀비로 만들었고, 결국 그들의 낮과 밤은 뒤죽박죽이 되어버렸다.

영국 땅에서 미국 드라마에 빠져 허우적대는 폐인들 속에 나도 끼어 있었다. 다행히 수업에 빠지지는 않았지만 집에서는 제정신이 아니었다. 며칠을 옴짝달싹 않은 채 노트북만 껴안고 살았다. 다행히도, 시즌 1을 본 후 나의 폐인 생활도 끝이 났다. 급성심근경색을 일으킬 듯 숨 막히게 돌아가는 미드는 내 취향이 아니라는 결론과 함께.

1년 6개월간의 조금은 긴 여행을 마치고 한국으로 돌아온 나는 한동안 현실감을 회복하지 못하고 멍한 상태로 지냈다. 사실 처음 돌아왔을 때는 이곳이 영국인지 한국인지 굳이 분간해야 할 필요도 없었다. 런던에 관한 책을 마무리하느라 여행을 '추억'하는 쪽이 아닌 '기억'하는 일에 온통 에너지를 쏟아야 했기 때문이다. 하지만 집필을 끝내고 나자 공황장애 같은 후유증이 밀려왔다. 영국의 곳곳과 사람들, 그곳의 소리가 눈에 밟히고 귀에 맴돌아서 도무지 한국이라는 지리적 현실에 발을 딛고 있는 것 같지 않았다.

한국적 감각을 회복하기 위해선 뭔가를 해야 했다. 그때 나는 미드에 빠져 현실감이 극도로 둔화되어 있던 유학생들을 생각해냈다. 현실을 인정하기 어렵다면 나를 괴롭히는 비현실을 무너뜨리면 되지 않을까. 그런 생각으로 나는 한국에서 영드에 빠져보기로 했다. 현실과 괴리가 있는 모니터 속 세상을 자주 기웃거리다보면 진짜 현실에 복귀할 수 있을 것 같았다. 이런 바람으로 본 드라마가 빅토리아 시대극인 「크랜포드」Cranford였다.

그때부터 나는 습관처럼 홍차를 마셨다. 영국에서 정통 애프터눈티를 서비스하는 호텔과 식당, 티룸을 찾기도 했지만 일상적으로 마신 음료는 커피였다. 오히려 한국에 와서 홍차에 더 빠져들게 되었다. 홍차를 마실 때면, 일단 차 상자를 열고 눈을 감은 채 찻잎의 향을 깊이 들이마신다. 우유와 물은 뜨거워야 하고 홍차는 진할수록 좋다. 설탕도 듬뿍 첨가한다. 산업화 시대에 육체노동자들이 마셨던 것처럼 그렇게 한 잔, 또 한 잔. 홍차를 통해 하루하루 여행의 후유증을 삭이고 풀어갔다. 그리고 몇 달 후, 후속편인 「리턴 투 크랜포드」Return to Cranford를 볼 때쯤 비로소 내 생활에 평온이 찾아왔다.

『런던 산책』을 펴낸 후 꽤 시간이 흘렀다. 런던의 앤티크, 마켓, 가든을 찾아 느리게 산책하듯 써내려간 이 책의 다음 책은 '가드닝'에 관한 것이 아닐까 생각했었다. 그러나 영국의 문화와 역사, 생활 등을 수집하고 공부하는 동안 홍차를 가까이하면서 어느새 홍차가 나의 새로운 관심사가 되었다.

영국인의 기질과 국민성 그리고 이들의 문학, 미술, 영화, 드라마 등을 살펴보면 그 속에 홍차의 맛과 멋이 다양한 형태로 스며들어 있다는 걸 알게 된다. 심지어 최근 인기리에 방영되고 있는 21세기 형 「셜록」Sherlock에서도 티타임은 드라마와 썩 잘 어울리는 요소다. 드라마에서부터 일상에 이르기까지 홍차는 주제도, 소재도, 배경도 되는, 오늘날에도 가장 영국적인 음료다. 1600년대 이후의 영국의 역사와 전통, 문화와 풍속을 얘기하자면 홍차를 빼놓을 수 없다. 결국 이 이야기들이 영국을 '홍차의 나라'로 인식하게끔 하는 강력한 힘을 만들었고, '영국적'인 것을 얘기할 때 홍차는 빠질 수 없는 소재가 되었다.

『홍차, 너무나 영국적인』은 영국이 홍차를 처음 접한 17세기부터 세계 식민화에 열을 올렸던 빅토리아 시대까지를 큰 배경으로 한다. 역사적으로 거의 모든 방면에서 부흥했던 이 시기는 매일 밤을 새우면서 들려줘도 끝나지 않는 천일야화처럼 어떤 화두로 접근하더라도 그 얘깃거리가 무궁무진하다. 또 직접적으로 영국과 영국인을 캐는 것이 아니라 홍차 문화를 통해 이들을 들여다보는 것은 전혀 알려지지 않은 섬을 탐험하는 것처럼 흥미롭다.

『홍차, 너무나 영국적인』은 세 편으로 구성했다.

1부는 '홍차 아우라: 감성' 편이다. 영국인에게 홍차는 다정한 친구 같은 존재다. 홍차는 빅토리아 시대의 산업화 과정 속에서 육체와 정신이 갑절로 고단했던 도시 노동자들에게 삶의 위안제였다. 영국인은 홍차를 마시는 행위를 통해 사교 장애를 숨기기도 하고, 차갑고 습기 많은 날씨로부터 잠시나마 벗어나기도 한다. 더불어 향긋한 홍차 한 잔은 작가의 섬세한 감성을 두드리는 종소리가 되어 영문학을 꽃피우기도 했다.

2부는 '홍차 스파이: 욕망' 편이다. 영국인에게 홍차는 욕망을 주조하는 음료다. 커피와 함께 차를 팔았던 커피하우스는 사교에

젬병인 영국 남자들을 끌어들였고, 정치와 경제, 과학, 문학의 꽃과 열매를 맺도록 도와준 특별한 장소였다. 새뮤얼 존슨 같은 지식인들은 각성 효과가 있는 홍차를 줄기차게 마시면서 더욱 박식해지고자 했다. 또 홍차는 중국과 아편전쟁을 일으키는 도화선이 되었으며, 노예의 노동력으로 식민지에 설탕 플랜테이션 제국을 건설하는 비극의 주범이기도 했다.

3부는 '홍차 중독자: 미식' 편이다. 영국인에게 홍차는 미각을 일깨우는 음료다. 영국은 청교도의 영향과 산업혁명을 거치면서 고유의 전통요리를 잃어버린 대신 풍요로운 홍차 문화를 꽃피웠다. 영국요리는 빈약하기로 유명하지만 티푸드만큼은 화려하고 풍성하다. 전혀 특별할 것 없는 '피시 앤 칩스'도 역사적이고 훌륭한 음식이며, 단순하고 현실적인 요리라는 이유로 영국인들이 가장 좋아한다. 한편, 21세기에 접어들면서 세계적인 영국 요리사들의 영향으로 영국의 식탁은 더 이상 우울하지 않게 되었다.

도저히 물리칠 수 없는 잠 때문에 천일야화 듣기를 멈춰야 하는 것처럼, 책 한 권에 영국의 홍차 문화를 모두 풀어놓기란 무척이나 어려운 일이다. 영국의 홍차 문화는 단순하지 않다. 영국인의 의식주, 역사, 전통, 예술, 산업 등 거의 모든 분야와 직·간접적으로 연결되어 있다. 이것이 차나무 한 그루 자라지 않는데도 홍차의 나라가 된 섬나라 영국의 비결이다. 그 가운데, 홍차 마시기가 영국인의 사교불편증을 숨기기 위한 행위라는 점은 무척 재미있는 대목이다. 이런 사실을 나는 신기해하면서 짓궂게 들여다보았다. 독자들도 마냥 우아하지만은 않은 영국의 홍차 역사와 영국인의 홍차 사랑을 엿보면서 오늘 마신 차 한 잔의 의미를 되새겨보길 바란다.

원고가 많이 지체되었음에도 믿고 기다려준 도서출판 한길사에 깊은 감사를 보낸다.

2014년 겨울
박영자

Tea Aura

홍차 아우라

감성

따지고 보면,

차 장사가 고상한 것이 아니라

차를 둘러싼 문화가 그러했다.

유럽에서 고귀한 차의 첫 수혜자는

왕족과 귀족이었다.

골무처럼 조그만 찻잔 손잡이를

손에 감고 홀짝거리는 것은 우아함과 부를

동시에 뽐낼 수 있는 행위였다.

홍차가 제법 흔해진 19세기에도

그 태생적 아우라는 여전했다.

홍차 아우라

주디 덴치는 팔고, 제인 오스틴은 산다

"정말 엿보기 좋은 장소군요." 드라마 「크랜포드」Cranford를 보다 웃음이 터졌다. 마을 제일의 수다쟁이 미스 폴이 앞집으로 이사온 새 이웃을 이층 창문으로 힐끔거리다가 내뱉은 말이다. 사실 이 대사는 전혀 영국스럽지 않다. 왜냐하면 영국인들은 절대 이런 식으로 자신의 속내를 드러내지 않기 때문이다. 소문대로 이 드라마가 섬세한 시대 재현과 익살스런 대사로 눈은 물론, 귀까지 즐겁게 해줄 거라는 전조다.

주디 덴치의 고상한 선택

2007년 영국 BBC가 제작한 5부작 드라마 「크랜포드」는 빅토리아 시대1837~1901의 포문이 막 열리기 시작한 1840년대를 배경으로 한다. '제2의 제인 오스틴'으로 불리는 엘리자베스 개스켈의 동명 소설을 재구성한 작품이다. 제작자인 케이트 하우드는 "죽음, 행복, 슬픔 등 한 드라마에 이 모든 감정이 녹아 있다는 것에 놀랄 것"이라고 단언했고, 시청자들은 정말 그 말대로 놀라고 감동했다.

크랜포드는 영국 체셔 지방의 조그마한 마을이다. 애니메이션으로 표현한 오프닝 크레딧은 평온한 마을 이미지 그대로다. 새들이 날아다니고 소들은 풀을 뜯고 군데군데 자리한 집 굴뚝에는 연기가 모락모락 피어난다. 누구나 걷고 싶을 정도로 포근한 풍경이다. 그러나 이 조그만 마을에도 산업화의 물결이 흘러들어오면서 크고 작은 사건사고가 돌출하기 시작한다.

그중에서도 마을에 크랜포드와 맨체스터를 잇는 철로가 들어서는 일은 큰 사건이다. 그동안 사건이라고는 금이야 옥이야 보살피던 소가 집을 나가는 게 고작이었는데 마을 전체를 가로지르는 철로가 들어선다고 하니 주민들은 하루하루가 불안하다. 마을에 외지인들이 드나들면서 도둑이 들었다는 소문이 들리기도 한다. 조상 대대로 붙박이처럼 이 마을에 살아오던 사람들은 조금씩 다가오는 거대한 변화에 심경이 어수선하고 복잡하다.

산업화의 물결이 드라마의 배경이라면, 그 속의 재미는 엉뚱한 곳에서 찾을 수 있다. 철로가 들어서는 일에 비하면 턱없이 작은 사건일 수도 있는, 런던에서 온 젊고 잘생긴 의사의 등장이 그것이다. 엿보기의 달인이자 귀 얇고 말 빠른 미스 폴을 포함해 마을 여

클로드 모네, 「몽소공원」(The Parc Monceau), 1878.

인들에게 이보다 더 큰 사건은 없는 듯하다. 사건 뒤에는 사고가 따르는 법. 젊은 의사를 두고 여인들의 상상과 오해가 교차하고 결국은 눈물이 오간다. 꼬리에 꼬리를 무는, 이들의 분주한 말 옮기기와 설레발치는 모습은 보는 내내 웃음을 자아낸다.

드라마는 누가 주인공이라고 할 수 없을 정도로 각 인물마다 진지한 일화를 담고 있다. 그중에서도 메티 역의 주디 덴치가 단연 돋보인다. 영화 「007 제임스 본드」 시리즈의 정보부 국장 'M', 「오만과 편견」의 귀부인이자 고약한 노인네를 연기했던 바로 그녀다. 영국 아카데미상을 아홉 차례나 수상한 연기자답게 여기서도 깊은 인상을 남긴다. 그녀는 냉정하고 엄격한 언니와 호들갑에 몸이 분주한 마을 여인들의 중간 지점에서 늘 다정하고 사려 깊은 행동을 보여준다.

예상치 못한 볼거리는 드라마 막바지에 있다. 주주로 있던 은행이 갑작스레 망하는 통에 재산이 바닥난 주디 덴치는 마을 여인들에게서 '차 장사'를 해보라는 제안을 받는다. 산업혁명이 가장 먼저 일어났던 영국이지만 상업은 여전히 저속한 일에 속했다. 특히 경직된 신분 사회로 여성의 사회활동에 냉랭했던 빅토리아 시대에 여성이 장사를 하는 것은 상당히 조심스러운 일이다. 그럼에도 여인들이 입을 모아 차 장사를 권유한 이유는, 바로 고상해서다. 상업행위 가운데서 "차를 파는 건 아주 고상한 쪽"이라며 그녀들은 망설이는 주디 덴치를 부추긴다.

따지고 보면, 차 장사가 고상한 것이 아니라 차를 둘러싼 문화가 그러했다. 유럽에서 고귀한 차의 첫 수혜자는 왕족과 귀족이었다. 골무처럼 조그만 찻잔 손잡이를 손가락에 감고 홀짝거리는 것은 우아함과 부를 동시에 뽐낼 수 있는 행위였다. 당시 영국에서 중국은 다른 행성만큼이나 멀게 느껴지는 곳이었다. 때문에 비단과 도자기를 비롯한 중국 문물은 귀족들이 갖고 싶어서 안달이 난 사치품이었다. 차도 예외가 아니었다. 어찌나 귀했던지 프랑스의 한 귀부인은 샌드위치 백작의 아내이자 『셰익스피어론』의 저자 몬터규 부인과 함께한 아침식사를 이렇게 묘사한다.

작은 방은 중국 베이징제 벽지로 둘러쳐져 있고, 잘 고른 중국제 가구로 장식되어 있었습니다. 고급 삼베로 만든 커버로 덮여 있는 가늘고 긴 테이블 위에 몇 십 개나 되는 컵이 나란히 놓여 있고, 커피와 코코아, 비스킷, 버터, 토스트 그리고 향기로운 홍차가 준비되어 있었습니다. 맛있는 차를 마실 수 있는 곳이 런던 말고는 없다는 것을 잘 알 것입니다. 이 댁의 마나님은 신神들의 식탁에서 받들어 섬기기에 알맞은 훌륭한 분입니다만, 바로 그분이 차를 따라주셨습니다.

무슨 대단한 은공이라도 입은 듯이 구구하고 절절하다. 이렇듯 홍차는 고귀한 귀족의 식탁에 잘 어울리는 음료였다. 홍차가 제법 흔해진 19세기에도 그 태생적 아우라는 여전했다. 덕분에 주디 덴치는 홍차 파는 일을 용기 내어 할 수 있었다.

드라마 속 주디 덴치는 홍차의 향과 맛처럼 은근한 사람이다. 빈틈이 없고 완고한 언니에 비해 정이 많고 온화한 성정을 가졌으며, 남 얘기를 하며 이리저리 몰려다니는 동네 여인들과 달리 입보다 귀가 열려 있는 사람이다. 그녀에게는 그 어떤 일보다 홍차를 마시거나 권하는 일이 잘 어울린다.

제인 오스틴의 우아한 취향

「크랜포드」의 주디 덴치처럼 홍차를 판 이가 있었다면, 홍차를 사는 일을 즐겼던 이도 있었다. 작가 제인 오스틴은 후자의 경우다. 영국 BBC가 선정한 '지난 천 년간 최고의 문학가' 부문에서 셰익스피어 다음으로 이름을 올린 그녀는 영국인들에게 많은 사랑을 받아왔다. 간혹 작품만큼이나 작가 개인의 삶이 궁금해지는 경우가 있다. 유난히 제인 오스틴이 그렇다.

중산층 가정에서 평범하게 자랐지만 당시 대부분의 여성 작가들이 그러했듯 제인 오스틴도 소설가로서는 녹록치 않은 삶을 살았다. 이 시대의 여성 작가들은 베일에 가려진 채로 신분을 숨기며 작품 활동을 했다. 지금은 위대한 작가로 손꼽히는 그녀지만 1797년 『첫인상』『오만과 편견』의 초기 제목 원고를 들고 출판사 문을 두드렸을 때 아무도 그 작품에 눈길을 주지 않았다. 이 작품은 1811년

윌리엄 맥그리거 팩스턴, 「찻잎」(Tea Leaves), 1909.

『이성과 감성』이 출간된 후 1813년에 『오만과 편견』이라는 새로운 제목으로 세상에 나왔다. 『이성과 감성』 초판의 저자는 '한 여인'A Lady이었으며, 2판은 '오만과 편견의 작가'로 표기되었다.

작품의 진가를 알아본 이는 오히려 독자들이었다. 글솜씨가 유려하다는 평가를 받으며 그녀의 작품은 여성 독자들 사이에서 인기를 누렸다. 제인 오스틴의 이름은 1817년 세상을 떠난 후 그녀의 오빠가 신원을 밝힌 후에야 알려졌다.

『인간의 굴레』의 작가 서머싯 몸은 『불멸의 작가, 위대한 상상력』에서 세계적인 작가 10인과 그 작품에 대한 비평을 썼다. 책에는 두 명의 여성 작가가 포함되었는데, 제인 오스틴과 에밀리 브론테다. 두 사람 모두 영국 출신이라는 점이 흥미롭다. 서머싯 몸은 이들이 활동한 시기에는 여자가 소설 쓰는 것을 기품 있는 일로 받아들이지 않았다고 언급하며 영국 작가 몽크 루이스의 말을 예로 든다.

나는 모든 여류 문필가를 혐오하고 동정하며 경멸한다. 그 사람들이 손에 쥐어야 할 도구는 펜이 아니라 바늘이며, 오직 그것만이 그네들이 솜씨 좋게 휘둘러온 유일한 도구다.

여성 작가에 대한 세상의 시선은 이와 같았지만 제인 오스틴의 글솜씨에 탄복한 이도 있었다. 스코틀랜드 출신의 소설가 월터 스콧이다. 그는 일상의 뒤얽힌 사건이나 감정, 인물들을 묘사하는 데 제인 오스틴이 탁월한 재주를 지녔다고 했다. 제인 오스틴 스스로 "시골의 서너 가정만 있으면 그것은 충분한 소설거리"라고 말했듯이 그녀의 소설에는 가족, 만찬회, 소풍, 산책, 음악회, 구혼, 방문 등을 소재로 한 중상류 가정의 일상이 녹아 있다.

많은 문학작품에서 작가와 주인공이 동일시되곤 한다. 제인 오스틴의 작품 속 주인공들도 그녀와 닮은꼴이다. 작품의 배경이 그녀가 살던 시대를 그대로 담고 있기 때문이다. 독서, 편지 쓰기, 여행, 가족과 쇼핑하기, 홍차를 준비하고 접대하는 일로 채워진 『오만과 편견』의 엘리자베스와 『엠마』의 주인공 엠마의 일상은 제인 오스틴의 취향과 자연스레 닮아 있다.

제인 오스틴은 열렬한 홍차 애호가로 차와 차 도구를 사러 시내로 나가는 흥분을 즐겼던 여인이었다. 그녀가 자주 들렀던 차 가게는 트와이닝스Twinings, 애정을 듬뿍 담아 다뤘던 도자기는 웨지우드Wedgwood였다. 가족의 아침을 담당했던 그녀는 차를 만드는 일에 온갖 정성을 다했다. 당시는 차가 무척 비쌌기 때문에 하인들의 손에 닿지 않는 곳에 보관하는 것이 일반적이었다.

제인 오스틴도 구입한 차를 아무나 꺼낼 수 없도록 차 보관함에 넣고 자물쇠로 잠갔다. 식사 때나 손님이 방문했을 때 그녀는 직접 차를 준비했다. 조카 캐럴라인 오스틴은 『나의 고모 제인 오스틴』 *My aunt Jane Austen*에서 "아홉 시면 고모는 아침식사를 만들었다. 이

것은 고모가 맡은 집안일이다. 차와 설탕은 고모의 감독 아래 있었다"고 기억했다.

제인 오스틴의 소설에는 유난히 '차 이야기'가 많다. 특히 여행 후 차를 찾는 대목이 심심찮게 나온다. 『맨스필드 파크』의 토머스 경이 인도에서 긴 여행을 마치고 돌아와 가족과 재회의 기쁨을 나누며 찾았던 것도 다름 아닌 차였다. 그는 "아무것도 먹지 않겠어. 차를 마실 시간이 되면 그때 차만 마시겠어"라고 단호히 말한다. 또 긴 여행으로 지친 패니와 윌리엄에게 프라이스 부인은 이렇게 말한다.

"너희들이 여행에서 돌아와 고기를 먹을지 차를 마실지 몰랐어. 아니면 뭐라도 준비했을 텐데. 아마도 너희는 차가 준비되자마자 그것을 마시고 싶어할 거야."

그러자 두 사람은 차가 좋다고 외친다. 홍차를 좋아하는 독자라면 이런 자잘한 소설 속 대화도 그냥 지나치지 않게 된다.

당시 영국인들은 친척집에 초대되거나 휴가차 여행을 하는 경우가 많았다. 제인 오스틴도 휴양지인 바스Bath 등지로 여행가는 것을 좋아했다. 하지만 '노란 통통이'라는 별명을 가진 노란색 전세 역마차를 타고 오랫동안 여행하는 것은 고역 중에 고역이었다. 길은 험했고 바퀴의 크기가 서로 다른 마차를 만나는 운 나쁜 경우도 있었다. 그러니 이리저리 뒤틀린 속이 멀쩡할 리가 없었다. 이런 여행객들이 목적지에 도착하자마자 유일하게 찾는 음식이 바로 홍차였다. 고단한 몸과 뒤집힌 속을 진정시키는 데 그만한 것이 없었다.

여느 여성들과 마찬가지로 여행과 대화, 편지 쓰기, 쇼핑을 좋아했던 작가 제인 오스틴의 일상은 늘 홍차와 함께였다. 가족의 아침식사를 챙길 때도, 언니에게 편지를 쓸 때도, 출판사에서 퇴짜를 맞았을 때도, 티가든에서 불꽃놀이를 구경하면서도, 나른한 봄날에도, 울적한 겨울에도 홍차는 그녀의 지성과 품위에 잘 어울리는 친구가 되어주었다.

디킨스의 런던

현실이 냉혹할수록 홍차의 열기는 더 뜨겁다

　"런던, 강렬한 이 도시"에 대한 각인은 18세기를 맹렬히 살았던 새뮤얼 존슨 박사로부터 시작되었는지도 모른다. 런던은 문인들에게 영감의 도시였다. 1777년, 인생의 황혼기에 접어든 예순여덟의 박사가 전기 작가 제임스 보즈웰에게 했던 이 말은 런던이라는 도시를 더 이상 매력적으로 표현할 수 없는 말로 자주 회자되곤 한다.

　"지식인 중에서 런던을 기꺼이 떠나려는 사람을 자네는 한 사람도 찾을 수 없을 거야. 없고말고. 런던이 지겨워진 사람은 사는 게 지겨워진 거야. 런던에는 삶이 줄 수 있는 모든 게 있으니까 말이야."

삶과 죽음이 교차하는 도시

전 세계의 3분의 1에 해당하는 영토를 쥐락펴락하게 되는 빅토리아 시대가 열릴 즈음, 런던은 영국 사회의 심장부였다. 생산과 소비, 지식과 문화, 사교와 쾌락이 도시를 들썩였다. 세계의 정치, 경제, 문화가 이곳을 통해 움직였다. 런던의 은행들은 세계 다른 금융의 중심지보다 더 부유했다. 직업도 다양했다. 의약, 법률, 교육 부문에서 일하는 전문 직업인부터 부두 노동자나 길거리 안내원과 같은 서비스업 종사자들에 이르기까지 무수히 많은 일거리가 넘쳐났다.

경제가 부흥했던 만큼 영국 사회에 빅토리아 시대가 미친 영향력은 크다. 작가 빌 브라이슨은 그가 살고 있는 영국 노퍽 주의 오래된 목사관을 둘러보다 집안의 물건과 구조, 건축 등의 역사를 되짚어보았다.

『거의 모든 사생활의 역사』로 번역된 이 책을 읽다보면 빅토리아 시대에 뿌리내린 의식주를 비롯한 사생활의 모습에서 지금의 런던을 발견할 수 있다. 빌 브라이슨도 현대의 런던 사람들은 거대한 빅토리아 시대의 도시에 살고 있다고 지적했다. 당시 런던은 단순하게는 세계에서 가장 큰 도시였을 뿐 아니라, 시끄럽기도, 지저분하기도, 바쁘기도, 도시를 온통 파헤쳐놓기도 제일인 도시였다.

한편으로 런던은 유명 인사들의 도시이기도 했다. 빅토리아 여왕과 남편 앨버트 공이 대표적이다. 경제학자 존 스튜어트 밀, 철학자이자 역사가인 토머스 칼라일, 작가 찰스 디킨스와 오스카 와일드, 정치가 윌리엄 글래드스턴, 가수 레니 린드, 배우 엘런 테리, 공예가이자 디자이너 윌리엄 모리스, 화가 제임스 맥닐 휘슬러, 윌리엄 터너 등이 활동하던 런던은 분명 지적이고 흥미로운 곳이었다.

하지만 이 도시가 모두에게 따뜻한 고향이 될 수는 없었다. 특히 처음부터 아무것도 가진 것이 없는 하층민들에게 런던의 삶은 영국 북부의 싸늘한 날씨처럼 뼛속까지 시린 것이었다. 산업화가 진행되면서 막연한 기대로 농촌에서 런던으로 발을 옮긴 사람들은 더 나을 것 하나 없는 시궁창 속으로 또다시 발을 담가야만 했다.

질병과 죽음은 그림자처럼 노동자들을 따라다녔다. 1842년 사망 통계에 따르면 신사 계층의 평균수명은 45세였다. 반면에 상인은 20대 중반이었으며, 노동자들은 17세 정도로 그 차이가 아주 컸다. 대도시 런던의 화려함 뒤에는 궁핍의 그늘이 짙게 드리워져 있었다. 역사학자 킷슨 클라크는 당시 상황을 이렇게 묘사한다.

살 만한 주택은 존재하지 않았고, 많은 사람들이 쓰러져가는 오래된 가옥의 다락방이나 지하실 등의 모든 공간을 차지했다. 이들은 빛이나 공기를 거의 혹은 전혀 접할 수 없었다.

찰스 디킨스는 런던에서 살아가는 빈민들의 삶을 가장 적나라하게 드러낸 작가였다. 그의 살아 꿈틀거리는 현실 묘사는 관찰에서 비롯되었고, 그 관찰은 걷기를 통해서 얻은 것이다. 알려진 대로 그는 불면증과 몽유병으로 고생했으며, 1세기 전 새뮤얼 존슨 박사가 그랬던 것처럼 거의 강박적으로 런던을 걸었다. 걷기를 통해 『니콜라스 니클비』에서 '시끄럽고, 번잡하고, 북적거리는 런던 거리를 덜컹거리며 지나가는 것들'에 대해 썼다.

찰스 디킨스의 소설 제목이자 주인공이기도 한 '올리버 트위스트'는 희망을 품고 7일 만에 104킬로미터를 걸어 런던에 도착한다. 일명 '교활한 사기꾼'인 존 도킨스의 손에 이끌려 하숙집으로 가는 동안 그가 목격한 런던 거리 어디에도 희망은 없었다. 올리버는 "이렇게 더럽고 지독한 곳은 본 적이 없다"고 한탄한다. 그리고 도킨스 등과 어울려 거리에서 배운 것이 도둑질이란 것을 알고 기절하고 만다.

런던은 화려하게 들떠 있었던 한편 영국 제국의 게으름뱅이와 한량 들을 여지없이 빨아들였다. 작가가 서문에서 밝힌 "사익스는 도둑놈이고, 페이긴은 장물아비이며, 소년들은 소매치기이고, 여자애는 창녀"라는 설정은 소설 속에서만 존재하는 이야기가 아니었다.

다양한 부류의 사람들과 일자리가 생겨나자 런던은 계층별로 거주지가 구획되기 시작했다. 부유한 중산계층은 리전트 가, 옥스퍼드 가, 켄싱턴 등 런던의 쇼핑 특구이자 영국 뮤지컬의 본거지인 웨스트엔드West End 지역에 자리 잡는다. 반면, 가난한 공사장 인부

토머스 웹스터, 「티파티」(A Tea Party), 1862.

나 부두 하역 노동자 등은 동부지역에 몰려 살게 되었다. 이스트엔드East End로 불리는 이 곳은 현재 런던에서도 가장 흥미진진한 문화와 예술의 발생지로 거듭나고 있지만 당시에는 범죄가 끊이지 않았다. 특히 화이트채플, 베스널그린, 웨스트민스터 등지는 '가지 말아야 할 곳'으로 경찰조차도 출입을 꺼렸다.

지금까지도 웨스트엔드와 이스트엔드는 서울의 강남과 강북처럼 런던의 지역적 특성을 대변하는 상징적 구역으로 유명하다.

무수한 질병과의 사투

런던의 가장 심각한 문제는 넘쳐나는 인구였다. 1800년 즈음 도시와 농촌의 인구 비율은 3:7이었다. 이것이 1850년경에는 7:3으로 역전되었다. 농촌 인구의 상당수가 런던으로 몰렸고, 어느새 런던의 인구는 수용할 수 있는 한계를 넘어버렸다.

런던의 인구 과밀은 곧바로 위생에 영향을 주었다. 난방용으로 태운 역청탄의 고약한 매연 때문에 런던의 대기에는 거의 늘 빛이 통과하지 못할 정도로 검은 어스름이 깔려 있었다. 또 마차를 끄는 말과 인간이 배출한 오물 때문에 땅과 물은 썩어갔다. 배수가 제대로 되지 않아 갖가지 오물이 집안 여기저기에 나뒹굴고 비가 오면 이 오물이 템스 강으로 흘러들어갔다. 런던 사람들은 오염된 강물을 아무런 정화과정 없이 마셨다. 식수가 부족해 세면이나 목욕을 위한 물은 상상할 수도 없었다.

발진티푸스, 성홍열, 천연두, 디프테리아 등 갖가지 전염병이 나돌았다. 수많은 어린아이들이 싸늘한 주검으로 변해갔다. 도시에서 태어난 유아의 사망률은 19세기 전반에 1,000명당 250명으로, 1,000명당 155명 정도인 영국 전체의 비율보다도 더 높았다. 1831~32년 사이에 런던에서 처음 발병한 콜레라는 1860년까지 세 번에 걸쳐 발생했다. 수많은 목숨이 바람 앞의 초라한 촛불처럼 위태하게 살아가야 했다.

빅토리아 시대의 많은 문학작품에 등장하는 질병과 이에 대한 두려움은 추상적이지 않다. 세계에서 최초로 산업화가 진행된 영국은 무수한 질병과 사투를 벌였으며 그 공포로부터 자유롭지 못했다. 죽음은 가장 직접적인 현실이었다. 그러나 국가는 1865년 배수로 공사가 진행될 때까지 속수무책의 자세로 일관했다.

사실, 영국인들의 질병에 대한 공포는 산업혁명 훨씬 이전부터 시작되었다. 런던 최초의 공동 우물이 출현한 것은 13세기 이후의 일이다. 부자들은 맥주를 마셨고 가난한 사람들은 물을 마셨다. 환경이 어찌나 불결했던지 전염병이 돌 때마다 사람들이 맥없이 쓰러져나갔다. 14세기에는 흑사병이 돌았다. 영국의 4백만 인구 중에 살아남은 사람은 겨우 250만이었다. 또 1660년에는 대역병이 돌았다.

그리고 1666년, 삽시간에 런던의 가옥 3분의 2를 불구덩이 속으로 몰아갔던 '런던 대화재'는 인구 밀집이 심한 대도시에서의 삶이 얼마나 큰 위험에 노출되어 있는가를 여실히 보여주는 사건이었다.

또 우울증은 영국인들을 오랜 세월 괴롭혀왔다. 특히 비와 안개가 잦은 날씨는 기분을 황량하게 몰아간다. 차갑고 을씨년스런 초가을부터 늦겨울까지, 날씨만 보면 영국인들은 거의 웃을 일이 없다. 과묵하다고 여겨지는 영국인의 성격은 역사적으로 숱한 일을 치렀던 경험자로서의 초연함과 더불어 몹쓸 기후와도 밀접한 관계가 있다.

영국과 관련한 영화에서 종종 현재의 사건과 사고로 상처받은 사람들이 아니라 원초적인 두려움에 휩싸인 사람들을 보게 된다. 특히 햇빛을 극도로 싫어하거나 피해 다니는 부류가 인상적이다. 니콜 키드먼 주연의 「디 아더스」에는 햇빛에 노출되면 발작을 일으키는 희귀병을 가진 아이들이 등장한다. 「드라큘라」 「트와일라잇」 같은 뱀파이어 영화는 말할 것도 없다. 햇빛이 절대적으로 부족한 기후 조건을 가진 나라에서 그것마저도 피해야 하다니, 이런 경우가 또 어디 있을까.

건강 염려자를 위한 치유제

최근 한 조사에서 영국인 10명 중 6명은 몸이 아프기 시작하면 의사 대신 인터넷으로 자가진단을 한다고 밝혔다. 심지어 이중의 절반가량은 자신이 죽을지도 모른다는 공포에 사로잡힌다고 한다. 이 조사 기관은 "영국은 건강 염려자들로 만들어진 국가"라는 말

을 덧붙였다. 우울을 조장하는 날씨는 물론이고, 여러 차례 아비규
환과도 같은 공포를 겪은 영국인들이 '건강 염려증'을 얻은 것은
자연스러운 결과일 것이다.

1660년, 커피하우스가 내건 '차 광고'를 보면 역사적으로 영국
인들을 그토록 괴롭혀왔던 질병의 항목을 세세히 확인할 수 있다.
이국의 향신료와 음료가 유럽으로 활발하게 흘러들어갈 즈음, 영
국 최초로 차를 판매한 커피하우스 개러웨이스는 차가 마치 만병
통치약이라도 되는 양 소개했다. 영국인이라면 누구나 솔깃했을
만한 그 광고의 일부다.

- 몸에 활력을 불어넣고 정력을 북돋아줍니다.
- 두통, 현기증, 무기력증을 완화시킵니다.
- 설탕 대신 꿀을 넣으면 신장과 배뇨관을 깨끗하게 해 결석에
  매우 좋습니다.
- 날것을 먹을 때 적합하며, 소화 기능이 약해져 있을 때 식욕과
  소화를 증진시킵니다. 특히 고기를 많이 먹거나 뚱뚱한 사람
  에게 효과적입니다.
- 악몽을 억제하고, 뇌를 편안하게 해주며, 기억력을 강화시켜
  줍니다.
- 우유를 넣어 마시면 내장을 튼튼하게 하며, 체력 소모를 막고,
  직장의 경련 또는 설사를 완화시켜줍니다.

- 가스 때문에 일어나는 결장의 모든 병을 없애주며 안전하게 담즙을 정화시킵니다.

흥미롭게도 개러웨이스 주인은 영국인들의 생활습관에 따른 병을 염두에 두고 광고를 만들었다. 전통적으로 술과 고지방의 육류를 위주로 하는 영국식 식사에 과식이 더해져 숙취와 소화기 장애는 의사들의 오랜 골칫거리였다. 차는 소화기관이 약한 이들의 속을 편안하게 해주었는데, 이때 속을 차갑게 하는 녹차보다 우유를 곁들여 마실 수 있는 홍차가 잘 맞았다.

광고가 과장된 경향이 있지만 차는 영국인들에게 그 정도로 특별한 존재였으며 이는 오늘날에도 마찬가지다. 문화인류학자 케이트 폭스는 모든 영국인은 여전히 차로부터 '기적과 같은 약효'를 기대한다고 한다. 차 한 잔이 두통이나 무릎의 통증을 완화시켜줄 뿐 아니라, 상처받은 자아, 이혼의 충격, 사별의 괴로움 등 정신적인 아픔까지 달래주는 치유제가 될 수 있음을 이들은 굳건히 믿고 있다. 이는 경제적으로 가장 부흥했으나 산업화의 그늘 속에서 육체와 정신이 온전히 건강하지 못했던 빅토리아 시대의 사람들에게서 이어져온 삶의 태도일 것이다.

그 시대, 특히 런던은 질풍노도의 도시였고 런던 사람들은 홍차에 더욱 깊숙이 빠져들었다. 현실이 냉혹할수록 홍차의 열기는 더 뜨겁다.

술보다 홍차

술독에 빠진 영국의 식탁을 물들이다

차의 주요 고객은 '누구나'가 아니었다. "차 맛을 아는, 신분이 높은 상류층 여러분과 귀족에게만 판매합니다." 커피하우스 개러웨이스가 내건 광고 문구다. 하지만 차가 처음 런던 중심부에 들어올 당시 아무리 고매한 귀족이라 할지라도 차 맛에 대한 감각은 설익은 상태였다. 또 차가 식물인지 나무인지, 도대체 무엇으로부터 얻는지도 잘 몰랐다. 그토록 차는 이국적이며 별스런 것이었다.

술독에 빠진 영국

차는 어떻게 영국에 처음 들어왔을까? 여러 설이 있다. 네덜란드 상인이나 비단과 향신료를 싣고 온 선원을 통했을 가능성이 있지만 분명하지는 않다. 일반적으로는 1660년 왕위에 오른 찰스 2세와 혼인을 한 포르투갈 공주인 캐서린 베르간자의 지참금과 관런이 있는 것으로 알려졌다. 캐서린은 당시 혼수로 쓰던 리넨 대신 인도의 봄베이지금의 뭄바이 영지를 지참금으로 내놓았다. 또 그녀는 귀하디 귀한 한 덩어리의 차와 일곱 척의 배에 가득 실은 설탕과 함께 영국 땅을 밟았다. 이후 그녀가 가져온 티타임 문화는 영국 왕실에 알알이 전해진다. 메리 여왕과 앤 여왕은 캐서린 덕분에 손에서 차를 내려놓지 않을 정도로 중독되었다.

그렇다면 차가 영국 땅에 완전히 상륙하기 전, 영국인들은 무얼 마셨을까? 『차의 세계사』에서 작가 베아트리스 호헤네거는 이런 사례를 들고 있다.

부유한 사람의 아침상에는 양고기나 소고기 수프, 빵과 비스킷에 에일, 맥주 또는 와인을 동반했을 것이다. 이 메뉴에 해산물을 추가하는 사람도 있었다. 『일기』의 저자 새뮤얼 피프스는 새해에 접대한 손님의 아침식사를 '꿀 한 통, 깔끔한 소혀 요리, 앤초비 요리, 각종 와인과 노스타운의 에일'이라고 기록하고 있다. 어떤 상인은 청어, 호밀 빵과 에일을 먹었을지도 모르며, 구두 수선공은 호밀 빵과 맥주, 소년은 학교에 가기 전에 죽과 빵, 버터와 맥주를 먹었을 것이다.

계층에 따라 식탁의 넓이도 요리의 양과 종류도 달랐다. 그렇지만 모두의 식탁에 올라간 것이 있었으니, 바로 '술'이었다.

흔히 타고난 술꾼으로 잉글랜드, 스코틀랜드, 웨일스, 아일랜드 사람들을 지목한다. 사실이기도 하지만 오해에 더 가깝다. 결과적으로 이들이 지독한 술꾼이 되었을지언정 19세기 말 이전까지는 목숨을 지키기 위해 술을 마셨을 뿐이다.

당시에 가장 위험한 음료는 술이 아니라 물이었다. 물을 정화하거나 우유를 저온 살균하는 기술이 나온 19세기 이전의 영국인들은 온갖 종류의 박테리아에 노출되어 있었다. 이는 농촌에서도 문제였지만 인구가 갑자기 몰렸던 런던을 비롯한 대도시는 더 심각했다. 식수는 늘 부족했고, 하수도 시설이 엉망이어서 오물 덩어리가 그대로 템스 강으로 방출되었다. 온 도시에 악취가 진동했다. 이 물을 런던 시민들이 마셨던 것이다.

반면에 영국인들이 주로 마시는 맥주와 에일Ale, 영국식 맥주로 라거보다 독하다은 약하지만 살균 효과가 있었다. 훌륭할 정도는 아니었지만 영양을 섭취하는 데도 도움이 되었다. 한 작가는 "술이 없다면 질 낮은 영양소밖에 섭취하지 못하는 농부들은 생존하기 힘들 것"이라고 지적했다.

모든 가정에서 알코올 함량이 3퍼센트 정도로 약해서 '스몰'Small이라고 불렀던 맥주를 만들었다. 알코올 외에 다른 대안이 없었다. 어린아이와 임산부도 예외가 아니었으며, 엘리자베스 1세도 아침 식사에 엄청난 양의 독한 에일을 마셨던 것으로 전해진다. 모든 계층, 모든 연령의 영국인은 하루의 시작과 맺음을 술과 함께했다.

또 하나 영국인들이 술을 찾은 이유는 종교개혁 이후 몇 십 년 동안 스포츠 경기와 종교 축제 같은 전통적인 여흥거리가 줄어들었기 때문이다. 그 영향으로 술집은 큰 인기를 얻었다. 「내 돈 값을 하는 좋은 에일」이라는 노래가 있을 정도였다.

> 좋은 석탄불은 그들의 즐거움
> 그 곁에 앉아 지껄이네
> 그들은 에일을 마시고 이야기를 하다가
> 아침 일찍 집에 간다네

술로 인한 병폐는 사회 곳곳에서 나타났다. 아침부터 물을 대신해 마신 술로 인해 노동자들은 일에 집중하기가 힘들었고 결근도 잦았다. 런던과 맨체스터 등 대도시의 뒷골목은 인사불성이 된 사람들이 자거나 배회하는 장소가 되어갔다. 『로빈슨 크루소』의 작가 다니엘 디포는 "좋은 술친구가 그들의 기쁨이었다. 그들은 낮에 번 돈을 밤에 썼다"고 기록했다. 『런던 크로니클』의 한 통신원은 "저녁마다 술집에서 서너 시간 퍼마시는 어리석은 즐거움"에 빠진 사람들을 노골적으로 비난하기도 했다.

때마침, 맥주와 에일로도 부족했는지 1700년대에 네덜란드에서 아주 강력한 술이 들어온다. 제네버^{Genever}라고 불리는 진^{Gin}이었다. 진은 17세기 네덜란드에서 처음 개발되었다. 맥아를 원료로 한 증류주에 노간주나무 열매를 가미한 후 다시 증류한 술이다. 처음 네덜란드에서 수입된 진은 값이 엄청나게 비쌌다. 그러다가 1720년경 영국 증류주 생산자들이 곡물에서 증류주를 만드는 데 성공한다. 그런데 영세 제조사들이 이 알코올 농도가 높은 순수 증류주에 물과 설탕, 과일즙을 첨가해 싼값에 유통시킨다. 이렇게 만들어진 진은 런던 빈민가를 중심으로 마약처럼 퍼져나갔다.

진은 저소득층 여성들에게 무척 인기 있었다. 진 가게에는 전에 없이 여성이 남성과 어울려 술 마시는 풍경이 펼쳐졌다. 임산부와 유모의 진 중독은 어린아이들에게까지 영향을 주었다. 윌리엄 호가스의 판화 「진 거리」Gin Lane는 당시 진에 빠져 허우적거리는 런던 빈민가를 보여주고 있다. 진 가게의 광고 문구대로 "1페니로 취할 수 있고, 2페니면 죽을 정도로 취할 수 있는" 진을 사기 위해 전당포에 자잘한 세간을 파는 사람들, 목을 매고 자살한 남자, 흠뻑 취한 나머지 아이가 계단에서 떨어지는데도 모르는 여인, 심지어 아이에게 진을 먹이고 있는 모습은 세기말의 암울한 풍경 같다.

영국의 지배계층은 진으로 인해 매춘, 살인, 절도와 같은 각종 사회범죄가 증가하는 것을 보고 정부에 규제를 촉구했다. 1736년 진 판매를 저지하기 위한 '진 법령'이 의회를 통과했다. 진의 세금을 인상하고, 진을 판매하려면 50파운드라는 엄청난 액수의 영업 허가료를 내도록 했다. 그러자 런던에서는 폭동이 일어났다. 결국 이 법은 몇 년을 버티지 못하고 폐지되었다.

윌리엄 호가스, 「진 거리」(Gin Lane), 1751.

1750년경 '진 유행병'Gin Craze이 절정에 다다랐을 때 어린이를 포함한 모든 영국인은 날마다 진 한 잔과 맥주 한 잔 반을 마시고 있었다. 영국은 어느새 술의 나라가 되어버렸고, 이것은 망국의 전조였다. 조지 오웰이 『위건 부두로 가는 길』에서 "무알코올성 음료인 차, 커피, 코코아와 맥주 정도를 마시던 이곳에 증류주가 들어오지 않았다면 지난 400년의 영국 역사는 엄청나게 달라졌을 것"이라고 했을 만큼 진의 파급력은 엄청났다.

술 중독자를 구원할 음료

술독에 빠진 영국인들을 구제한 것은 왕도 총리도 아니었다. 그것은 바로 '차'였다. 따뜻한 차 한 잔은 금주운동의 씨앗이자 술 중독자들을 구원할 치유제가 되었다. 또한 오염이 심각했던 물에서 벗어나게 해주었다. 차의 천연 항 박테리아 성분은 술독에 빠진 노동자를, 질병에 걸린 어린아이를, 조산의 위험에 처한 임산부를 구해주었다.

영국의 이질 발생 건수는 1730년대부터 줄어들기 시작했다. 1796년 한 평론가는 "이질과 다른 수인성 질병이 상당히 줄어들었다"고 했으며, 의사와 통계학자들도 19세기 말까지 국가적으로 건강의 질이 개선된 것이 바로 차 덕분임을 인정했다. 동인도와의 무역이 활발해지면서 극빈층 노동자도 차를 구입할 수 있게 되자 차는 영국 가정의 식탁에서 술을 밀쳐냈다. 비로소 영국은 차의 기운으로 술독에서 빠져나오게 되었다.

영국인들이 오염된 물과 또 그만큼 위험한 술에서 벗어나야 하는 이유는 또 있었다. 여성이고 아이고 할 것 없이 공장으로 등을 떠민 산업혁명 때문이었다. 당시 혹독한 노동에 시달려야 했던 도시 노동자들은 일이 끝나면 술집으로 달려갔고 흥건히 취하고서야 그곳을 나섰다. 그래서 다음 날 아침 이들에게는 맑은 정신으로 일터에 나갈 수 있게 도와주는 음료가 절실히 필요했다. 홍차는 영국에서 산업화가 진행되는 동안 도시 노동자에게 더할 나위 없이 훌륭한 음료가 되었다. 마시기에 간편하면서 정신도 맑게 해주었다.

홍차와 함께하는 아침식사는 제대로 된 부엌이 없더라도 뜨거운 물만 끓일 수 있다면 가능했다. 아무리 차가운 빵이라도 따뜻한 차에 적시면 훌륭한 음식으로 변했다. 특히 설탕과 우유가 든 홍차는 칼로리 보충 면에서도 큰 도움이 되었다.

대부분의 도시 노동자는 집에서 아침을 먹었지만 노점에서 해결하는 사람들도 많았다. 한 스웨덴 방문객은 런던 거리에서 종종 노천에 마련된 티 테이블을 보았다고 한다. 석탄 카트를 끄는 노동자들이 차를 마시며 잠시 여유를 부리는 모습, 이는 당시 산업화로 들썩이던 영국 대도시에서 흔히 볼 수 있던 풍경이었다.

산업혁명은 가정의 저녁식사 모습도 바꾸어놓았다. 직장과 가정이 분리되면서 돈을 버는 일만큼이나 가정에서의 한 끼 식사도 중요해졌다. 상대적으로 아침을 부실하게 먹었던 서민들은 열량이

조지 클라우슨, 「봄날의 아침, 하버스톡 힐」(Spring Morning, Haverstock Hill), 1881.

높은 고기류로 저녁 식탁을 풍성히 채우고자 했다. 오후에 차를 마시는 시간을 갖기가 힘들던 노동계층에게 저녁은 하루 중 가장 여유로운 시간이었다. 학교와 일터에서 아이들과 남편이 돌아오는 시각인 여섯 시경이면 고기, 빵, 오트밀, 감자튀김과 함께 차가운 음식을 따뜻하게 적셔줄 진한 홍차가 이들을 반겨주었다.

물론 모두가 이런 저녁식사를 맞이한 것은 아니었다. 도시의 산업화로 수많은 맞벌이 부부와 여성 노동자가 생겨났다. 가정주부에서 수공업 상점, 제조소, 공장 등에서 일하는 노동자가 된 여성이 일을 마치고 집에 돌아와 정찬을 차리기는 무리였다. 이들에게는 무엇보다 빠른 조리가 가능한 메뉴가 우선이었다. 홍차가 안성맞춤이었다. 푸짐한 저녁식사를 일컫는 '하이티'High Tea에는 빵과 고기 한 조각 그리고 홍차로 이뤄진 가난한 하류층의 저녁식사도 포함된다.

19세기 내내 영국의 식단에서 빵은 아주 중요한 자리를 차지하는데 가난한 가족의 경우에는 차 또한 그러했다. 이들의 하루 식단은 차 몇 온스와 설탕, 치즈 몇 조각 그리고 가끔 아주 약간의 고기를 먹는 정도였고 나머지는 모두 빵이었다. 영양분이 거의 없는 메마른 빵 조각이라 할지라도 설탕이 든 차를 마시며 먹을 수 있다면 괜찮은 식사가 되었다. 비록 소박하지만 뜨거운 홍차가 있었기에 이들은 허기진 배를 채우고 마음의 피로를 씻을 수 있었다.

영국에서 왕족과 귀족으로부터 시작된 차 마시기 습관은 서민의 식탁까지 물들였다. 이들에게 홍차가 없었다면 어떠했을까. 산업화 현장에 생기를 돌게 해줬을 뿐 아니라, 오염된 물의 위험으로부터, 술의 중독으로부터, 고단한 삶으로부터 벗어나게 해준 홍차 한 잔. 세계 어느 나라의 음료 역사를 둘러봐도 영국과 홍차만큼 진한 관계는 없을 듯하다.

홍차 아우라 | 감성

여행 중에도 티타임

기차에서도 밀림에서도 '애프터눈티'를 즐기다

영국인은 여행을 지혜롭게 하기로 유명하다. 세계 제일의 독서열을 자랑하는 영국인들이 즐겨 읽는 책도 여행기와 역사책이다. 최초의 정확한 여행서가 영국에서 유래했고, 런던 여행자들이 으레 들고 다니는 『London A to Z』의 유명세가 말해주듯 이들에게 여행은 단순한 취미를 넘어선다.

여행에 매혹된 영국인들

경험을 통한 실증을 중시했던 영국인들에게 인생의 진리를 탐구하는 데 여행만한 것이 없었다. 특히 조지 엘리엇의 표현대로 '모든 것이 돌진하듯 움직이는' 빅토리아 시대에 세계는 넓고 가야 할 곳은 많았다. 프랑스의 봉벨이라는 후작은 "영국 사람들처럼 여행을 많이 하는 사람도 없고, 영국만큼 길 떠날 수단이 많은 곳도 없다"며 부러움을 표했다. 영국인들은 이동수단이 생기고부터, 아니 그걸 만들어서라도 세상으로 나가고자 했다. 여행을 뜻하는 영어 'travel'의 어원이 즐거움이 아니라 '고생'이라 한들 이들은 개의치 않았다. 영국인들은 더 멀리, 더 자주, 새롭고 빠른 교통수단에 몸을 실었다. 세상은 과학과 이성을 실험하기에 더없이 좋은 장소였고, 이를 증명하고 싶어 온몸에 두드러기가 날 지경이었던 이들은 마르코 폴로라도 된 양 종횡무진했다.

17세기 중반에서 19세기까지 유럽 귀족과 그 자제들의 교양 교육에 필수적인 과정이 프랑스, 독일, 스위스, 이탈리아 등지로 여행을 가는 것이었다. 여행길이 그리스와 터키로 이어지는 경우도 있었다. 다른 곳은 건너뛰더라도 이탈리아는 놓치지 말아야 할 최고의 여행지였다. 유럽 교육의 근간은 고대 그리스 로마에서 르네상스로 이어지는 역사학, 문학과 예술, 정치와 수사학이었다. 때문에 젊은이들은 직접 자신의 발로 이탈리아를 밟으며 지식과 교양을 쌓고, 해외에서 어떻게 행동하고 친교를 맺어야 하는지 터득해 나갔다.

영국, 프랑스, 독일, 덴마크, 러시아 등지의 젊은이들이 이탈리아로 몰려들었다. '그랜드 투어'Grand Tour라고 불리는 이 여행길에 영국인의 숫자는 단연 압도적이었다. 1829년에는 단편소설 『로마의 영국인』이 출간되었는데, 말을 탄 채 로마의 신전과 고대 유물을

베노초 고촐리, 「동방박사의 행렬」(Procession of the Magi) 부분, 1441.

관광하는 영국인들이 삽화에 등장한다. 이들은 남의 나라를 제 집처럼 드나들며 이탈리아의 역사와 문화를 훔쳐보고 있다. 『유러피언 드림』의 저자 제러미 리프킨은 유럽 대륙과 지리적으로 동떨어진 영국이 문화강국으로 변모한 데에는 영국인들의 그랜드 투어가 있었기 때문이라고 지적한다.

영국의 습한 날씨를 피해 이탈리아에서 요양을 하는 경우도 많았다. 빅토리아 시대가 배경인 드라마 「크랜포드」에서 마을의 지주인 영부인은 요양차 이탈리아로 떠난 아들에 대한 걱정으로 속이 새까맣게 타들어간다. 영국 날씨가 얼마나 지독했으면 그 아들은 드라마가 끝나도록 한 번도 나타나지 않는다. 실제로 1820년 폐병을 앓고 있던 시인 키츠가 이탈리아로 요양 왔을 때, 셸리와 바이런도 이곳에 살고 있었다. 이탈리아가 영국의 3대 낭만파 시인 모두를 부른 셈이다.

한편, 그랜드 투어에 로맨스가 비켜갈 수는 없었다. 과거 '정복'의 거친 기운이 흐르던 영국인들은 20세기가 되면서 '여행'이라는 낭만적인 화두에 매혹되었다. 1908년에 발표된 에드워드 포스터의 『전망 좋은 방』의 주인공 루시와 조지는 이탈리아 피렌체에서 만난다. 한두 세기 전 그들의 선조들에게 여행을 통해 교양을 쌓는다는 중차대한 목적이 있었다면, 성장기의 주인공들은 자신 내부의 소리에 더 민감하다. 피렌체의 구석구석을 한참 배회하고 돌아온 조지가 종이 위에 그려놓은 것은 언제나 커다란 물음표다. 그랜드 투어는 어른들이 오랫동안 각인시켜온 커다란 우물일 뿐, 청춘의 물음표를 해결해주지는 못했다.

포기할 수 없는 '애프터눈티'

빅토리아 시대는 그 이전과는 시간과 공간의 개념 자체가 달라진 역사적인 시기였다. 그 주범은 바로 '철도'였다. 이 시대 사람들은 고작 시속 15마일시간당 약 24킬로미터의 속도로 마차를 타다가 기차에 올라타면서 갑자기 뚝, 중세와의 고리를 끊고 근대로 나아갔다. 비와 증기로 뒤범벅이 된 채 엄청난 힘으로 돌진하는 기차를 그린 윌리엄 터너의 「비, 증기, 속도—대서부 철도」는 한 장의 그림 이상을 의미한다. 당시 사람들은 이 그림에서 건물을 무너뜨릴 것 같은 진도 7.0 정도의 흔들림을 느꼈을 것이다.

이 시대, 기차와 여행을 묶으면 떠오르는 한 사람이 있다. 비자 카드가 흔하지 않았던 시절에 해외여행의 동반자는 '여행자수표' 였다. 대부분 그것을 '토머스 쿡'이라고 불렀다. 나 또한 유럽 배낭여행에서 현금 대신 이 수표를 사용한 적이 있다. 토머스 쿡Thomas Cook, 1808~92은 영국 태생으로, 1841년 세계 최초로 자신의 이름을 딴 여행사를 세우고 단체여행을 기획했다.

산업혁명이 한창이던 19세기, 영국에는 공장 노동자의 수가 엄청났으며 그들의 삶은 비참했다. 장시간의 노동 뒤에 그들이 손에 거머쥔 것은 최저 생계비에도 못 미치는 저임금이었다. 그마저도

윌리엄 터너, 「비, 증기, 속도-대서부 철도」(Rain, Steam, and Speed-The Great Western Railway), 1844.

술집을 드나들며 탕진하기 일쑤였다. 토머스 쿡은 노동자들이 술이 아닌 건강한 방식으로 삶의 피로를 풀 방법은 없을지 고심했다. 그때 그의 머리를 스친 것이 당시 개통된 기차였다. 기차는 승객이 없어도 운행을 해야 한다. 때문에 적은 요금을 받고서라도 많은 사람을 태우는 게 이익이었다. 그는 단체여행을 할 사람들을 모집했고 철도회사에 요금 할인을 요구했다.

이렇게 해서 최초의 기차 단체여행이 시작되었다. 단돈 1실링을 받고도 승객을 태웠지만 누구도 마다할 이유가 없는 누이 좋고 매부 좋은 장사였다. 오늘날 유럽 기차 여행자들의 필수품이 된 '토머스 쿡 타임테이블'의 역사가 이때부터 시작되었다고 할 수 있다.

철도는 새로운 길을 열었고 '세계여행'이라는 열망을 낳았다. 전 세계의 소식을 실시간으로 알 수 있는 요즘에는 꽤 싱거운 일이겠지만, 당시 영국인들은 배, 마차, 기차 등 움직이는 모든 교통수단을 이용해 세계로 뛰어들고자 했다. 프랑스 작가 쥘 베른은 소설에서나마 이들의 한풀이를 대신해주었다.

쥘 베른1828~1905의 『80일간의 세계일주』는 세계여행 하면 가장 먼저 생각나는 작품이다. 어린 시절 이 소설에 푹 빠져 지냈던 작가 장 콕토는 1936년에 '쥘 베른 탄생 100주년'을 기념해 80일간의 세계일주를 감행하기도 했다.

이 소설은 당시 영국인들의 이성과 열정이 그대로 버무려진 작품으로, 애니메이션과 영화로도 각색되어 여러 번 제작되었다. 그

중 1956년 아카데미 작품상을 받은 영화는 몇 번을 봐도 재미있다. 특히 영국 신사의 괴팍한 성격이나 홍차와 관련한 자잘한 일화가 흥미롭다.

주인공 포그는 '혁신 클럽'의 회원이다. 당시 클럽은 커피하우스에 이은 영국 남자들만의 은신처였다. 혁신 클럽은 실제로 있었는데 정치가 윌리엄 글래드스턴 같은 저명 인사들이 드나들었다. 포그는 전형적인 영국 신사의 모습을 보여준다. 하인의 표현대로라면 "그가 차고 다니는 두 개의 시계처럼 정확한" 인물이다. 매일 '오전 11시 30분에 새빌로의 집을 나와, 오른발을 왼발 앞으로 575번 내딛고, 왼발을 오른발 앞으로 576번 내디뎌' 혁신 클럽에 도착하는 데 한 치의 오차도 허용하지 않는 사람이니 말이다.

80일 만에 세계를 돌고 런던에 도착하겠노라고 회원들 앞에서 선언한 포그는 프랑스 하인 파스파르투와 여행길에 오른다. 이들은 배 안에서 며칠을 보내는데 하루는 주방장이 날씨가 더워져 메뉴를 카레로 바꾸겠다고 한다. 그러자 포그는 자신의 식사는 "뜨거운 수프, 구운 넙치와 소고기, 요크셔 푸딩, 구운 감자, 소고기 푸딩, 당밀"이 될 것이라고 단호히 말한다. 더위가 오든 추위가 오든 자신이 늘 먹던 목요일의 메뉴를 고수하겠다는 것이다.

등장인물의 습관에 관한 고집은 '티타임' 장면에서도 잘 드러난다. 포그는 폭풍우로 배가 몹시 흔들리는 와중에 기어코 차 시중을 받는다. 쟁반 위의 그릇들이 이리저리 굴러다녀도 같은 시각, 같은 자리에서 매일 그는 차를 마신다. 한번은 인도 캘커타지금의 콜카타로 가는 기찻길이 완공되지 않아 갈 길이 막막해진 포그 일행이 코끼리를 이용해 정글 속으로 들어갔는데, 야생의 동물들이 우글거리는 밀림 한복판에서 오후의 티타임을 갖는 진풍경을 연출한다. 그것도 티포트와 찻잔 등 우아한 차 도구를 모두 갖춘 채 말이다.

인도의 영국 영사도 마찬가지다. 다급한 사건을 다루다가 시계가 오후 네 시를 가리키자 "맙소사! 차 마실 시간이군. 큰 사건이건 말건 차 마실 시간을 방해할 수 있는 것은 아무것도 없지!"라며 자리를 박차고 일어선다. 이쯤 되면 차를 향한 영국인들의 열정에 두 손발을 들게 된다.

차 도구를 들고 다니는 사람들

괴테도 놀랐다. 여행할 때 자신이 즐기는 차와 차 도구를 모두 갖고 다니는 영국 사람들을 보고서 말이다. 여행 중에도 멈출 수 없는 차 마시는 습관은 찰스 2세와 결혼한 포르투갈 공주 캐서린에게서 전수된 것인지도 모르겠다. 그녀가 처음 영국 땅 포츠머스에 발을 내려놓았을 때 가장 먼저 요구한 것이 '차 한 잔'이었다고 한다.

그녀는 차 마니아였으며, 영국 땅에 홍차와 설탕, 차 도구 그리고 차를 준비하는 사람을 함께 데리고 왔다. 오랜 시간 배를 타고 와 지쳐 있던 공주가 처음 찾았던 차는 바로 그녀가 성장하면서 줄

곧 마셔왔던 음료였다. 익숙한 방식으로 차를 마시는 것, 이것이 이국에 시집온 두려움을 다스리는 최선의 방법이었을 것이다.

메리 여왕도 앤 여왕도 홍차 마시는 걸 좋아해 그들의 손에는 늘 찻잔이 들려 있었다. 즉위한 지 60년이 넘은 엘리자베스 2세의 하루는 아침 8시쯤 홍차를 마시며 신문을 읽는 것으로 시작된다. 여왕이 여행을 가면 빠뜨리지 않는 두 개의 상자는 이미 유명하다. 하나는 응급약품, 다른 하나는 차 도구 상자다. 영국에서 홍차의 유혹에 빠지지 않을 수 있는 여왕은 거의 없어 보인다.

세계를 호령하던 빅토리아 여왕은 어떠했을까. 빅토리아 여왕 하면 위에서 아래로 약간 내려다보는 듯한 시선과 무표정한 얼굴, 그리고 검은 드레스가 떠오른다. '빅토리아 시대', '빅토리안', '빅토리아조' 등등의 이름이 그저 생겨난 건 아닐 터다. 19세기에만 그녀의 제국은 매년 영국 본토와 맞먹는 수준인 평균 26만 제곱킬로미터씩 팽창해갔으니 그 권위와 위엄이 얼굴에 그대로 드러났을 것이다.

빅토리아 여왕은 역대 어느 여왕보다 강인했다. 영국의 발명품인 천연두 예방주사를 맞은 최초의 군주이자 클로로포름을 이용해 출산의 고통을 줄인 최초의 여왕이었다. 1861년 남편 앨버트 공이 사망하고 3년간의 애도 기간이 끝난 후에도 여왕은 죽는 날까지 검은색 옷차림이었다. 또 남편의 침대를 매일 밤 정돈하고 아침마다 그의 요강을 닦도록 지시했다. 이런 여왕의 지나친 애도 행위는 국민들에게는 남편에 대한 지극한 사랑으로, 또 신하들에게는 변함이 없는 충정으로 보이게끔 하려는 포석이 깔려 있다.

세계를 발 아래 둔 여왕에게 당시 대륙을 오고 가는 것 중에서 가장 빠른 이동수단인 기차는 특별했을 것이다. 1825년 인류 최초의 증기기관차가 영국에서 발명된 이후 철도시대는 급속도로 발전한다. 사실 처음에 여왕은 기차를 그다지 탐탁치 않아 했다고 한다. 하지만 여왕도 시류를 거스를 수는 없었다. 1842년 슬라우에서 패딩턴까지, 비록 짧은 거리지만 여왕은 생애 최초로 기차여행을 한다.

이후 여왕은 도버 해협을 건너 기차를 타고 프랑스 전역을 자주 오갔다. 여왕이 탄 기차는 철로 위를 달리는 호화로운 숙소였다. 파란색 실크 커튼과 안락한 소파, 고급스런 장식장으로 꾸며진 객실은 버킹엄 궁전을 그대로 옮겨놓은 듯 화려했다. 옷과 장신구, 고급스러운 식기가 가득 담긴 여행 가방만을 실은 전용 찻간이 두 칸이나 되었다. 여왕은 기차 안에서 이 식기로 식사를 하고 '애프터눈티'를 즐겼다. 짐작컨대, 홍차를 마실 때만은 그녀도 전 세계 육지의 4분의 1을 다스리는 통치자로서의 짐을 잠시나마 내려놓을 수 있지 않았을까. 비록 그 장소가 흔들거리는 기차 안이라고 할지라도.

여행 중에도 티타임

비 그리고 안개

차갑고 눅눅한 날씨에서 벗어날 안식처를 찾다

영국 얘기에 날씨가 빠지면 섭섭하다. 영국은 비의 나라다. 영국인들은 1년 365일 중 200여 일쯤을 굵은 비, 가는 비, 오락가락하는 비와 함께한다. 하루 동안에 춘하추동을 경험하기도 한다. 날씨 얘기는 영국인들의 일상이 된 지 오래다. 이들은 젠틀맨 클럽에서 얼굴을 트거나 동네 선술집에서 옆 사람에게 말을 붙일 때 "정말 좋은 날씨죠"라며 인사를 건넸다.

영국식 유머의 시작은 날씨로부터

날씨는 선천적으로 수줍음이 많은 영국인들이 타인에게 겨우 용기를 내어 말을 건네기에 적당하고도 고마운 소재다. 영국인들은 숨이 꼴딱 넘어가는 위급한 상황에 전화를 하고서도 "그쪽 날씨는 어때요? 이곳은 비가 온답니다"라며 인사를 한참 나눈 후 본론으로 들어간다는 농담이 있을 정도다.

영국과 관련한 유머의 대부분은 '음식' 아니면 '날씨'에 관한 것이다. 1961년 런던에 며칠 동안 계속 비가 내리자 한 지역신문은 이렇게 보도했다.

런던 사람들은 햇볕에 그을리는 대신 빗물에 녹이 슨다.

또 영화 「윔블던」에서는 테니스 경기 도중 비가 쏟아지자 독일 선수가 이렇게 말한다.

"언젠가 영국인의 발에는 물갈퀴가 달릴 거야."

날씨를 두고 이런저런 농담이 자연스레 오가는 걸 보면 생활하기에는 불편하기 짝이 없는 영국 날씨가 완전히 나쁜 것만은 아니다.

영국 날씨는 매번 그 유명세를 치러왔는데 특히 영국을 잠시 방문하거나 그곳에 머문 외국 작가들은 혹평을 쏟아냈다. 요리 칼럼니스트인 테리 탄은 영국을 '구름 낀 녹색지대'라고 평했고, 헝가리 출신 지휘자 게오르그 솔티는 자서전에서 "영국은 모든 것이 좋다. 하지만 날씨만큼은 사람을 미치게 만든다"고 토로했다.

꽤 귀여운 불평꾼도 있다. 영국에서 생활하는 동안 쓴 영어 일기를 바탕으로 한 소설 『연인들을 위한 외국어사전』*A Concise Chinese-English for Lovers*에서 중국 작가 샤오루 궈는 어눌한 영어 실력으로 영국의 일기예보에 대해 세심하게 지적한다.

> 일기예보는 아주 이해하기 어려움. 일기예보를 하는 남자
> 는 복잡한 말로 대단한 드라마를 이야기하듯 말하고 '비'나
> '맑음'이라고 말하지 않음. 그는 큰 전쟁을 보도하듯 '불행히
> 도…… 바라건대……'라고 함. 두 시간 라디오를 들으면 두 번
> 일기예보를 만남.

정말 그렇다. 굴곡이 심한 날씨 덕분에 일기예보는 필요 이상으
로 잦고, 기상 캐스터는 그래서 늘 조심스럽다.

영국 날씨의 해악은 사진가에게는 더욱 치명적이다. 『헝그리 플
래닛』의 공동저자이자 사진가인 피터 멘젤은 촬영차 영국 남서부
를 방문하게 되었을 때 무척 신이 났다. 한 번도 가보지 못한 고대
거석 '스톤헨지'Stonehenge가 그곳에 있기 때문이다. 일출과 일몰 때
가 가장 아름다울 것이라는 생각에 피터는 안개를 뚫고 새벽에 그
곳을 찾았다.

하지만 그는 유적지 안으로 들어갈 수 없었다. 9시 반에서 4시
까지만 문을 열어 경찰에 제지당했기 때문이다. 촬영을 못하게 되
자 그는 "스톤헨지의 진짜 미스터리는 정작 흥미로운 시간에는
문을 열지 않는다는 점이야"라며 투덜거렸다. 그러고는 '허탕을
치고 돌아왔지만 좋은 때를 놓친 것에 화나지 않아. 영국의 새벽

제임스 휘슬러, 「파랑과 금색의 야상곡–오래된 배터시 다리」(Nocturne in Blue and Gold: Old Battersea Bridge), 1872~75.

은 온통 회색 안개가 소용돌이치기 때문에 어차피 사진이 잘 나오지 않았을 테니까'라며 스스로를 위안했다.

영화와 드라마의 강렬한 소재

영국이 비의 나라라면, 수도 런던은 안개의 도시라는 이미지가 강하다. 영국 작가들이 유독 스릴러와 판타지 소설에서 이름값을 톡톡히 하는 것도 안갯속과도 같은 오묘한 날씨를 자주 경험한 덕분 아닐까. 종종 암흑처럼 짙은 안개를 동반하는 영국 날씨는 공상과 상상력을 자극하기에 충분할 만큼 극적이다.

런던의 안개를 말할 때는 한 편의 강렬한 영화가 떠오른다. 어린 시절에 보았던 잉그리드 버그먼 주연의 「가스등」은 지금까지도 묘한 감흥을 불러일으키는 작품이다. 「카사블랑카」에서 우수에 젖은 눈빛의 잉그리드 버그먼보다 깜빡이는 가스등을 바라보며 금방이라도 바스러질 듯 공포에 떨던 그녀가 더 인상적이었다. '가스등 효과'Gaslight Effect라는 말이 있다. 애인이나 부모에게 형편없는 취급을 받아온 사람이 결국 스스로도 그것에 적응하게 되는 상황을 일컫는데 바로 이 영화에서 유래한 말이다.

「가스등」이 런던이 아닌 다른 도시를 배경으로 만들어진다는 것은 상상하기조차 힘들다. '런던 = 안개', '안개 = 범죄'라는 완벽한 공식이 성립되기 때문이다. 안개라는 자연적 배경과 가스등이라는 물질적 배경, 실체 없이 부유하는 안개와 가스의 은밀함은 거대한 도시의 신비로움을 증폭시킨다.

오스카 와일드는 "제임스 휘슬러가 런던의 안개를 그리기 전에는 그것이 존재하지 않았다"는 그럴싸한 말을 남겼지만, 19세기 내내 런던 사람들은 안개 때문에 30~60센티미터 이상 앞을 내다볼 수 없는 경우가 허다했다. 안개가 가장 극심했던 시기는 1880년대였다. 「가스등」에서 범인은 미행하는 눈을 피해 자신의 몸을 숨기는 데 안개를 이용했으며, 전설적인 살인마 잭은 안개 속에서 피해자들을 미행했다. 20세기 중반에 안개는 생명까지 위협하는 스모그로 변했다.

1939년 영국 여행을 한 작가 니코스 카잔차키스1885~1957는 『영국 기행』에서 런던의 안개에 대해 이렇게 표현했다.

> 런던의 안개는 한바탕 짙은 꿈과도 같아서 그 속에 들어가 바람과 비와 서리로 '운명'을 개조하기에 딱 좋다. 눅눅하고 노르스름한 안개는 제멋대로 돌아다니면서 담을 핥고, 사람들과 나무들을 감싸고, 그들의 폐로 침투한다. 안개는 서서히 솟아오르며 넬슨 동상을 지워버린다.
>
> 그것은 다시 서서히 내려앉으며 사소한 것들을 덮어버리고, 거친 윤곽을 부드럽게 하고, 넝마 조각들을 미화시키고, 온갖 추악한 형상에 신비로운 저승의 분위기를 부여한다.

런던의 안개는 여행자에게는 굉장히 당혹스러운 존재다. 이 도시에 익숙하지 않은 이방인을 더욱 극심한 혼돈에 빠뜨리기 때문이다. 그래서 '한바탕 짙은 꿈과 같은' 안개를 경험한 여행자는 절대 그 느낌을 잊지 못한다.

날씨에서 얻은 중용의 미덕

한 나라의 날씨와 국민성은 한 몸에서 자라는 샴쌍둥이와도 같다. 날씨는 오랫동안 개인의 기질은 물론 국민성에도 깊이 영향을 미쳤다. 각 나라 화가의 그림을 보면 날씨의 영향력을 더욱 분명하게 알 수 있다.

노르웨이 화가 에드바르 뭉크1863~1944의 작품은 어둡고 우울한 것이 특징인데, 그의 그림을 보면 언제나 북유럽의 냉랭한 대지가 떠오른다. 크리스마스 시즌에 노르웨이로 여행을 떠났던 한 친구는 이 나라에 대한 감상을 이렇게 말했다.

"이곳 사람들은 뭐든 닥치는 대로 읽어. 그렇지 않으면 마땅히 할 일이 없으니까."

반면, 앙리 마티스1869~1954는 뭉크와는 정반대의 느낌을 주는 화가다. 마티스는 프랑스 북부에서 태어났지만 파리를 거쳐 프랑스 남부에서 노년을 보냈다. 노년 시절 그의 그림 어디에도 어두움이나 무거움은 없다. 시간이 지날수록 그림의 형태는 단순해지고 색은 밝아진다. 뜨거운 태양 아래 포도가 익어가듯 이 화가의 그림

카미유 피사로, 「에르미따주의 데 뵈프 언덕」(The Côte des Bœufs at L'Hermitage), 1877.

에는 습기가 없다.

그러면 영국은 어떤가. 사실, 영국의 날씨가 그토록 사람들의 입 방아에 자주 오르는 이유는 날씨의 격렬함 때문이 아니라 '변화무 쌍함'에 있다. 다른 나라의 날씨는 '아주 덥다, 매우 춥다, 사계절 이 분명하다' 정도로 설명이 되지만, 영국의 기후는 종잡을 수 없 어서 얘기가 길어진다. 그중 가장 특이한 점은 변화무쌍하되 지나 침이 없다는 데 있다.

영국인보다 영국에 대해 더 잘 아는 미국 작가 빌 브라이슨은 영 국 날씨에 대해 이렇게 지적했다.

외국인이 보기에 영국 날씨는 별거 없다는 게 제일 놀라운 점이다. 자연의 격렬함을 보여주는 회오리바람, 계절풍, 눈보 라, 절체절명의 우박 세례 같은, 흥분을 불러일으키고 예측불 허의 위험을 초래하는 자연현상을 영국제도에서는 거의 볼 수 없다.

영국 날씨에는 중용의 미덕이 흐른다. 영국인들은 날씨에서 금 방 좋아하거나 실망하지 않는 법을 배운다. 또 주어진 상황에서 최 선을 다하는 법, 언제나 주의 깊게 준비하는 자세와 같은 삶의 교 훈을 체득한다. 이런 가운데 질서와 평온함을 선호하는 성향이 깊 이 뿌리내렸다.

그렇다면 '변화무쌍하되 지나침이 없는 기후'가 느껴지는 그림은 어떤 것일까. 가장 영국적인 풍경을 화폭에 담았다는 이유로 자국민에게 오랜 사랑을 받아온 19세기 화가 존 컨스터블의 목가적인 전원과 윌리엄 터너의 격렬히 출렁이는 바다는 여기에 어울리지 않아 보인다.

2012년 런던 로열 아카데미에서 대규모 회고전이 열렸다. 영국 화단의 기린아로 불렸으며 현재 가장 영향력 있는 현대 미술가인 데이비드 호크니1937~ 의 전시였다. 이때 가장 화제가 되었던 작품이 50개의 캔버스를 펼쳐 그린 거대한 풍경화「와터 근처의 더 큰 나무들」이었다. 이 그림에서 나는 영국의 기후를 보았다.

호크니에게 세계적인 명성을 안겨준 초창기 작품을 보면 그가 정말 영국 출신인지 의심이 간다. 그 특유의 화려한 색감은 영국이 아니라 미국에서 얻은 것이다. 그는 영국 잉글랜드 북부 요크셔 주 브래드퍼드 출신이다. 30대 중반에 미국으로 건너가 몇 년간 여러 대학에서 강의를 했는데, 이때 캘리포니아의 강렬한 빛과 색, 바다, 수영장 등에 매료된다. 이글거리는 태양과 밝은 색 건물에 비치는 빛의 느낌은 영국 기후와는 너무나 상반되어서 그의 그림에 커다란 변화를 가져다준다.

호크니는 미국과 영국을 오가며 작업하다가 몇 년 전 영국 북부 시골에 정착했다. 일흔을 넘긴 노년의 화가가 그곳에서 한 일은 장시간 '들여다보기'였다. 나고 자라서 익숙한 장소였지만 여태 자세히 들여다보지 않았던 풍경을 응시했다. 그 결과, 이른 봄 새순이 가득한 고향의 플라타너스 나무들에서 그가 말하는 '자연의 무한한 다양성'을 발견한다. 호크니는 변화무쌍하지만 지나침이 없는 기후가 느껴지는 영국적 풍경을 만들어냈다.

영국인들이 커피나 다른 음료가 아닌 홍차를 택한 것은 단순하게는 설명이 안 되는 날씨 덕분이라고 할 수 있다. 이들은 1년에 200여 일을 비와 안개에 몸을 적시며 살아가는 사람들이다. 몸에 습기가 마를 날이 없다. 하루에도 몇 번씩 차갑고 눅눅한 날씨에서 벗어날 무언가가 필요한데, 몸을 따뜻한 상태로 유지시켜주는 홍차가 이들에게는 그야말로 '딱'이다.

덧붙이자면, 그렇다고 영국 날씨가 완전히 엉망인 것만은 아니다. 국내든 국외든 여름 휴가철에는 관광객으로 들끓는 여행지를 피하는 게 상책이지만 영국만은 7월에 꼭 한 번 여행해보라고 권하고 싶다. 영국의 7월은 '찬란한 계절'이 과연 어떤 것인지를 보여준다. 비록 변화무쌍한 시간을 두루두루 겪은 후에 맛보는 찬란함이긴 하지만, 내 경험으로 이때는 홍차가 거의 생각나지 않는다.

소설 속의 티타임

인물의 안내문도 작가의 위안제도 되다

볼 수도 들을 수도 없었다. 그럼에도 헬렌 켈러1880~1968는 보통 사람보다 놀라운 감각을 훈련으로 습득했다. 특히 그녀는 냄새를 통해 날씨를 예측할 수도, 사람들의 직업도 알 수 있었다. 그녀에게 후각은 이런 것이었다.

'프루스트적 순간'

냄새는 우리를 수천 미터 떨어진 곳에 많은 시간을 건너뛰어 데려다주는 힘센 마술사다. 과일 향기는 나를 남부의 고향으로, 복숭아 과수원에서 장난치던 어린 시절로 둥실둥실 떠워 보낸다. 슬며시 일어났다가 스러지는 다른 냄새는, 내 마음을 기쁨에 녹아내리게도 하고, 슬픈 기억에 움츠러들게도 만든다. 지금 냄새에 대해 생각하는 동안에도, 내 코는 가버린 여름과 멀리서 익어가는 곡식의 달콤한 기억을 일깨우는 향기로 가득 찬다.

냄새가 불러일으키는 기억에 관한 헬렌 켈러의 이 글을 읽으면 마르셀 프루스트1871~1922의 『잃어버린 시간을 찾아서』가 떠오른다. 또 한편 조가비 모양의 통통한 빵 마들렌을 먹을 때도 이 소설이 연상된다.

홍차를 사랑한 제인 오스틴에 관한 『그와 차를 마시다』*Tea with Jane Austen*의 저자 킴 윌슨은 "많은 소설에서 차는 작가에 의해서 인물의 안내문처럼 쓰였는데, 차를 알고 그 가치를 알아볼 줄 안다는 것은 그 인물이 선과 정의의 소유자라는 사실을 암시한다"는 의견을 폈다. 프루스트의 소설에서 차는 '기억을 부르는 음료'다.

그러자, 갑자기 추억이 떠올랐다. 이 맛, 그것은 콩브레 시절의 주일 아침(그날은 언제나 미사 시간 전에는 외출하는 일이 없었기 때문에), 내가 레오니 고모의 방으로 아침 인사를 하러 갈 때, 고모가 곧잘 홍차나 보리수꽃을 달인 물에 담근 후 내게 주던 그 마들렌의 작은 조각의 맛이었다. 여태까지 프티트 마들렌을 보고도, 실제로 맛보았을 때까지는 아무것도 회상되지 않았던 것이다. 이유는 아마, 그 후 과자 가게의 선반에서 몇 번이고 보고도 먹어 보지 않고 지내왔기 때문에, 드디어 그 심상이 콩브레 시절의 나날과 떨어져, 보다 가까운 다른 나날과 이어져 있었기 때문인지도 모른다. 혹은 그처럼 오랫동안 기억 바깥에 버려진 그런 기억에서, 살아남아 있는 것이라곤 아무것도 없고, 모든 게 분해되어 버렸기 때문인지도 모른다.

잘 알려진 대로 프루스트는 천식과 약한 소화기, 과민한 피부 등으로 고생한 병약한 체질이었으며 성격도 무척 예민했다. 의사인 아버지는 약해 빠진 아들이 무척이나 못마땅했지만, 어머니는 지나친 사랑으로 아들을 만년 '마마보이'로 만들었다. 프루스트는 누워 있는 시간이 많았다. 처음 생각과 다르게 엄청난 분량이 된 이 소설도 대부분 침대에 누워 썼다. 많은 작가와 평론가 들이 이 작품을 통해 프루스트 개인을 연구할 정도로 소설과 프루스트는 다양한 고리로 연결되어 있다.

프루스트는 어느 겨울날 소설 속 화자가 자기 집에 앉아 있는 모습을 묘사한다. 지루한 하루가 지나가고 있을 때 어머니가 라임꽃차라도 마시겠느냐고 물어본다. 그는 거절했다가 이내 마음을 바꾼다. 어머니는 차와 함께 마들렌을 가져온다. 류머티즘으로 힘들어하던 작중 화자는 주름진 조가비 모양의 마들렌 빵 한 조각을 떼어 차에 떨어뜨린다. 그러고는 한 모금을 마신다. 차가 입술에 닿는 그 순간, 온몸에 전율이 흐르며 기억의 징소리가 울린다. 소설의 화자는 레오니 고모와 비본 강과 시골길이 있던 유년의 그때, 그곳으로 돌아간다. 작가 알랭 드 보통은 이것을 '프루스트적 순간'이라 표현했다.

『천 개의 사랑』에서 다이앤 애커먼은 이 순간에 대해 이렇게 덧붙였다.

> 어른이 된 프루스트는 어린 시절의 기억을 굳이 들추지 않았다. 기억은 청하지 않았는데도 만나Manna, 이스라엘 사람들이 광야에서 하늘로부터 받은 양식처럼 나타났고, 그는 기억이 '무심결에' 떠올랐다고 표현했다. 말하자면 소설을 쓰기 위해 기억을 억지로 끌어모은 것이 아니라, 그저 우연히 생겨났다는 것이다. 그런데 일단 기억이 떠오르자 그는 기억 하나하나를 조그만 영원, 지칠 줄 모르는 탐구의 소우주, 감각의 회전목마로 바꾸어놓았다.

작가의 위안제, 오후의 차 한 잔

소설에 따라서 차는 도입부의 북소리가 되기도 하고, 글의 속도를 줄이거나 다른 방향으로 전환하는 도구가 되기도 한다. '영어로 쓴 가장 뛰어난 소설' 중 하나로 평가되는 헨리 제임스1843~1916의 『여인의 초상』은 '오후의 차'를 마시는 장면으로 그 서두를 연다. 뉴욕 출신이었던 그는 유럽의 전통문화에 깊이 매료되어 1915년, 죽기 8개월 전에 영국으로 귀화했다.

상황에 따라서는 오후에 차를 마시는 의식에 소요된 시간보다 더 기분 좋은 시간을 삶에서 찾아보기 어렵다. ……어느 근사한 여름날 오후의 딱 중간이라고 해야겠다. 오후의 절반이 지나갔지만 아직 절반은 남았고, 그 절반은 가장 멋지고 좀처럼 오기 어려운 시간이었다. 땅거미가 지려면 한참 더 있어야 했지만, 이미 여름날의 충만한 햇빛이 물러가기 시작했고 대기는 한결 달콤해졌다.

부드럽고 빽빽한 잔디 위에 그림자가 길게 드리워지기 시작했다. 그림자가 길어지면서 풍경은 한껏 한가한 느낌을 발산했는데, 그런 시간에 그런 풍경을 향유하는 이유는 바로 아직 오지 않은 그 한가함 때문일 것이다. 어떤 날은 다섯 시에서 여덟 시까지가 퍽 길게 느껴질 때가 있는데, 그런 경우 즐거움도 그만큼 길어진다. 그와 관련된 사람들은 차분하게 즐거움을 만끽한다. 그들은 내가 말한 의식에 매료될 만한 성향을 가진 사람들이 아니었다. 매끄러운 잔디밭 위의 그림자들이 곧고 뾰족해졌다.

차가 준비된 낮은 탁자 근처의 버들 의자에 앉은 한 노인과 그의 앞에서 이것저것 이야기하면서 이리저리 돌아다니는 두 젊은 사람의 그림자였다. 노인은 손에 잔을 들었는데, 같은 세트의 나머지 잔들과 무늬가 다르고 밝은 색깔로 칠해진 잔이었다. 노인은 아주 신중한 자세로 잔에 담긴 차를 다 마신 뒤

시모어 조셉 가이, 「꽃다발을 둘
러싼 싸움, 살롱 안에 있는 로버
트 고든 가족」(The Contest for
the Bouquet, Family of Robert
Gordon in Their New York Din-
ing-Room), 1866.

찻잔을 턱 가까이 둔 채 집 쪽을 한동안 가만히 바라보았다.

젊은 사람들은 차를 다 마셨거나 자신들의 특권에 무관심한 기색이었다. 그들은 담배를 피우며 계속 어슬렁거렸다. 그중 한 사람이 이따금 노인에게 관심 어린 눈길을 보냈다. 그러나 노인은 그가 쳐다보는 것을 알지 못한 채 붉은색으로 화려하게 칠해진 자기 집에 시선을 고정시키고 있었다. 잔디밭 너머로 보이는 그 집은 내가 스케치하고자 했던 독특한 영국 그림에 나오는 대단히 개성이 있는 건물이었다.

오후 세 시, 사르트르는 "무언가를 시작하기엔 너무 늦고 끝내기엔 너무 이른 시간"이라고 했다. 그러고 보면 애프터눈 티타임이 이런 이유로 생겨났다고 할 수 있다. 『여인의 초상』에서 "오후에 차를 마시는 의식에 소요된 시간보다 더 기분 좋은 시간을 삶에서 찾아보기 어렵다"는 대목은 소설 속 화자의 얘기라기보다는 작가 개인의 독백처럼 들린다.

차에 대한 이런 느낌을 그대로 고백한 작가가 또 있다. 소설가 조지 기싱1857~1903은 『기싱의 고백』에서 애프터눈 티타임에 대한 애틋함을 오롯이 드러냈다. 이 책은 가공의 인물 헨리 라이크로프트를 화자로 그가 죽기 바로 직전 7주 동안 썼던 회고록이다. 글은 봄, 여름, 가을, 겨울로 이뤄져 있는데 「겨울」 부분에 이런 대목이 실려 있다.

나의 하루 생활에서 가장 즐거운 순간 중 하나는 오후에 산책을 마치고 다소 지친 몸으로 돌아와서는 구두를 슬리퍼로 갈아 신고, 외출복을 초라하지만 몸에 편하고 익숙한 저고리로 갈아입고, 팔꿈치를 편하게 놓을 수 있는 푹신한 안락의자에 앉아서 찻잔을 담은 쟁반이 들어오길 기다릴 때다. 아마 내가 느긋한 느낌을 가장 즐길 수 있는 것도 바로 차를 마시는 동안이 아닌가 한다.

예전에는 앞에 놓인 일을 생각하느라 조급해진 나머지 더러 곤혹스러워지기까지 하면서 차를 꿀꺽꿀꺽 삼킬 뿐이었다. 그래서 차의 향기라든가 풍미를 전혀 느끼질 못할 때가 허다했다. 그러나 지금은 찻주전자가 나타날 때 서재 쪽으로 풍겨와 코에 스미는 부드러운 냄새가 얼마나 향기로운지! 첫 잔에서 얻을 수 있는 위안이며, 다음 잔을 조금씩 마시는 즐거움을 어디에 비할 것인가! 싸늘한 빗속에서 산책을 마치고 돌아오면 한 잔의 차가 몸을 얼마나 후끈하게 해주는가!

차를 마시는 동안 나는 서가의 책이며 벽에 걸린 그림들을 둘러보며 그것들이 거기 조용히 놓여 있는 것에 행복감을 맛본다. 나는 파이프 쪽으로 눈을 돌릴 수도 있다. 생각에 잠긴 표정을 지으며 파이프에 담배를 채울 준비를 한다. 한 잔의 차도 그 자체로 우리에게 상쾌한 영감을 고취해줄 수 있지만, 차를 마신 후 피우는 담배는 어느 때보다도 마음을 어루만져주고 사념에 젖게 한다.

오후에 차를 마시는 일이야말로 가히 잔치라 불러도 손색이
없거니와, 가정적인 것을 중요시하는 영국민의 천재성이 이런
잔치에서보다 더 두드러지게 드러난 적이 없다. 소박하게 사
는 사람들의 집에서도 차를 마시는 시간에는 무언가 신성한
데가 있다. 왜냐하면 그 시간은 하루 동안의 집안일과 걱정거
리가 끝나고 안식으로 가득한 사교적 저녁시간이 시작되었음
을 의미하기 때문이다. 찻잔과 접시가 부딪히는 소리만 들어
도 마음은 행복한 휴식의 기분에 젖어들 수 있다.

월든 호숫가에 작은 집을 짓고 자급자족하며 "간소하게, 간소하
게, 간소하게 살라"고 외쳤던 헨리 데이비드 소로1817~62에게 한
잔의 차는 사치였고 요란스러운 것이었다. 그에게 "가장 좋은 아
침식사는 아침 공기와 긴 산책"이었으며, 차는 방해꾼이었다. 그는
"차와 커피를 마시는 게 경제면에서도 나쁘고, 탁한 자극으로 자연
이 주는 아침의 환희를 망치는 무가치한 행위"라고 했다.

하지만 가난 때문에 고통의 나날을 보냈던 기싱에게 차는 단비
와 같았다. 작가의 사색과 창작에 일상의 작은 즐거움이 얼마나 큰
도움이 되었을지 그의 글에 고스란히 녹아 있다.

영국인의 고질병

홍차가 없었다면 어떤 일을 할 수 있었을까?

영국에 있는 동안 나는 몰랐다. 왜 집집마다 두 종류의 커튼, 그러니까 두꺼운 질감의 천과 함께 하늘하늘한 레이스 천으로 창문을 장식하는지를. 최근 영국인들의 이면을 알 수 있는 책을 읽다가 온몸에 소름이 돋는 듯했다. 영국인들은 주변에 일어나는 일이나 상대방에 무심한 얼굴을 하고 있지만 실상은 그렇지 않다는 것이다. 사실 이들은 심각한 '커튼 트위처스'Curtain Twitchers, 커튼 뒤에서 훔쳐보기를 즐기는 사람들라고 한다.

사생활 보호를 목숨만큼이나 중시하는 영국인들은 자신의 집안을 가릴 때는 두꺼운 커튼을 치고, 남의 사생활을 훔쳐볼 때는 흰색 레이스 커튼 뒤에서 은밀하게 집밖을 탐색하는 것이다. 섬뜩해진다. 영국이 왜 소설, 드라마, 영화 등에서 공포물이 특히 강한지 알 것 같다.

우리는 영국인이야!

무라카미 하루키는 에세이 『먼 북소리』에서 각 나라 사람을 이렇게 평했다.

> 독일인은 얼굴을 보면 알 수 있는데다 가장 터프한 장비를 갖추고 있다. 캐나다 사람과 오스트레일리아 사람들은 배낭에 국기를 붙이고 있으므로 금방 알 수 있다. 북유럽 사람들은 독일 사람한테서 터프함을 뺀 느낌으로 어딘가 공상에 잠겨 있는 듯한 얼굴이다. 행동이 민첩할 것 같고 어딘지 모르게 냉소적인 인상을 주는 얼굴은 프랑스 사람이고, 그러면서도 약간 붙임성이 있을 것 같으면 네덜란드나 벨기에 사람이다.

이어서 덧붙인다.

> 그런 사람들 사이에서 약간 불편해—본인은 즐겁겠지만—보이는 이는 영국 사람이다.

불편해 보임으로써 상대를 불편하게 하는 이 불편함을 한마디로 정의하기란 쉽지 않다. 오랫동안 수많은 책과 논문은 이해하기 불

가능한 영국인의 정체성의 비밀을 셜록 홈즈와 같은 기지를 발휘해 풀어보려고 애썼다. 하지만 이것은 11월 런던의 안개 속에서 어떤 형체를 잡으려고 두 팔을 휘젓는 것만큼이나 소용없는 일이다.

하루키는 1986년을 즈음해 3년간 유럽을 여행했다. 이 기간 동안 『상실의 시대』와 『댄스 댄스 댄스』를 출간했다. 영국에서는 런던에 한 달간 짧게 머물렀다. 그동안 누구와도 얘기하지 않고 방 안에 웅크리고 앉아 글만 썼다고 한다. 그런 그가 영국인에 대해 어떻게 이런 적확한 인상을 받았는지 그저 놀라울 따름이다. 나의 경우, 알면 알수록 또렷하게 드러나는 것과는 거리가 먼 존재가 영국인 같으니 말이다.

영국인에 뒤따르는 수식어와 비아냥거림, 의문의 말은 수도 없이 많다. 이건 어떤가. 네덜란드 학자, 쿠스타프 J. 르니어는 『영국인, 그들은 인간인가?』*The English: Are They Human?*라는 강력한 의문을 던진 책에서 "세상에는 두 종류의 인간이 사는데, 하나는 인류고 다른 하나는 영국인"이라고 했다. 또 이중적인 인간의 대표격인 '지킬 박사와 하이드'는 영국인을 설명하기에 늘 좋은 얘깃거리를 제공해왔다. 냉소적이거나 이성적이거나 양면적이거나, 이런 등등의 이유로 영국인을 사람 같지 않은 사람으로 보는 예는 문학과 영화에서도 곧잘 등장한다.

「이지 버츄」*Easy Virtue*는 영국의 부유층을 비꼰 영화다. 초반부에 미국 여자를 며느리로 맞아야 하는 영국 상류층 가정이 맞닥뜨리는 난감한 상황이 나온다. 예비 며느리가 인사를 하러 오는 날, 이 댁의 사모님은 그야말로 좌불안석이다. 초조하기는 딸도 마찬가지다. 얼굴에 미소를 지어야 할지, 미소를 지으면 어느 정도로 지어야 할지 갈피를 못 잡고 있는 딸에게 아버지 역의 콜린 퍼스가 무덤덤한 표정으로 한마디 한다.

"우린 영국인이야!"

영국인에게는 속마음을 절대 밖으로 드러내지 않는 능력이 있으니 걱정하지 말라는 얘기다. 폭발하지도 불붙지도 않는 국민성의 대명사이자 '뻣뻣한 윗입술'로 상징되는 영국인들의 감정 절제는 혀를 내두를 정도다.

쥘 베른의 『80일간의 세계일주』에는 세상에 도전적이고 자신만만하며 동시에 기계처럼 정확한 영국인이 등장한다. 프랑스 하인 파스파르투는 말한다.

"영국인의 규칙적인 생활 습관과 영국 신사들의 전설적인 자제심을 사람들이 칭찬해 마지않기에 행운을 찾아서 영국으로 건너왔다."

그는 주인 포그의 집안을 살펴보고는 이 영국 신사가 빈틈이 전혀 없는 인물이라는 걸 알게 된다. 그러고는 이렇게 외친다.

"진짜 기계 같은 사람. 그래, 기계를 섬기는 것도 나쁘지는 않아!"

한편, 영국인들은 세상에서 가장 오만한 생각을 품기도 하고 또 가장 오지랖 넓게 행동하기도 한다. 노벨 문학상을 수상한 최초의 영국 작가 러디어드 키플링1865~1936의 시, 「백인의 짐」에는 이런 구절이 있다.

> 백인의 짐을 져라
> 그대가 부양한 최고를 내보내라
> 그대의 아들을 유배 보내라
> 그대 포로들의 필요에 봉사하기 위해
> 불안정하고 야만적인 사람들
> 그대가 새로 붙잡은 부루퉁한 사람들
> 절반은 악마이고 절반은 어린애 같은 사람들에게
> 아주 힘겹게 시중들기 위해

키플링의 시처럼 영국인들은 문명화되지 못한 야만족을 또 세계를 '아주 힘겹게 시중들기 위해' 정신적으로든 육체적으로든 엄청난 단련을 감수했다. 과거부터 오지로의 여행이나 극한의 스포츠 등 인간 한계에 도전하는 수많은 종목의 기록에서 영국인들은 맨 앞자리에 그 이름을 올렸다. 영국인은 남극에 가장 먼저 도달했으며, 야생의 아프리카에서 중국 변방에 이르기까지 세계의 모든 곳에 있었다.

영국인들은 왼쪽 어깨에는 인도주의를, 오른쪽 어깨에는 제국주의를 올려놓고 구도자와 정복자가 되기를 반복했다. 도덕과 가족의 가치를 무엇보다 중시했던 빅토리아 시대에 도시에는 수천 명의 미성년 창녀들이 있었다. 또 유럽 최초로 식민지의 노예제를 폐지했지만 이후로도 60여 년간 정치범과 죄수들을 노예선에 태워 오스트레일리아로 보냈다.

이들은 세계의 땅을 가장 많이 정복하고 식민화했지만 또 한편으로 지구의 환경과 빈민을 구하는 데에 어느 나라보다 열성적이다. 빈민구호 단체인 구세군과 국제구호기구 옥스팜, 생산지의 원주민에게 정당한 값을 주고 농산물을 사서 팔자는 공정무역 운동 등 세계적인 구호활동 대부분은 영국에서 시작되었다.

'완벽한 유기체' 또는 '사교기능 장애자'

오해든 진실이든 영국인에 대한 평을 정리해보면 이렇다. 어딘가 불편해 보이지만, 속마음을 숨기는 데 도사며, 전설적인 자제심의 소유자로, 기계처럼 정확하고, 약하고 무지한 다른 사람들을 돕고 그들에게 봉사하기 위해 존재하는, 신은 아니지만 신에 가까운 능력을 가진 사람. '좀 낡았지만 믿음직한 추진력을 가진 완벽한 유기체'라고 칭송한 카잔차키스의 말대로 영국인은 역사적으로 자국의 이익이나 신념 앞에서 강인함의 절정을 보여주었다.

하지만 영국인에 대한 수많은 수식어와 공고한 이미지가 와르르 무너지는 경우가 있다. 이는 전혀 예상치 못했던 상황에서 일어나는데 바로 '티타임'에서다.

윌리엄 호가스, 「윌러스톤 가족」(Wollaston Family), 1730.

유럽에 일찍이 커피하우스가 들어오면서 커피를 접했던 영국이지만 그들은 커피보다 홍차를 더 반가이 맞았다. 왜 그랬을까. 동인도 무역을 통해 커피보다 홍차의 수입이 더 수월했다는 점을 감안하더라도 이들의 홍차 사랑에는 너무나 맹목적인 구석이 있다. 영국인의 일거수일투족을 문화인류학자의 시각으로 접근한 케이트 폭스의 『영국인 발견』을 통해 그 이유를 충분히 짐작할 수 있다.

아마도 가장 중요한 사항일 텐데, 차 끓이기는 최고의 전이轉移행동, 즉 분위기 바꾸기이다. 영국인은 사교적인 상황에서 난처하고 불편하면—우리는 사람을 만나면 언제나 불편하고 난처하지만—언제든 차를 끓인다. 우리는 일반적으로 불안하거나 불편하면 주전자를 불에 올린다.

누군가 집에 찾아오면 인사에서부터 어려움을 겪는데 그러면 "자, 주전자를 올리러 갔다 올게"라는 얘기로 대화를 시작한다. 대화 중에 불편한 정적이 흐르고, 이미 날씨 이야기도 다 했고, 별로 더 할 말도 없다. 그러면 우리는 "자, 누구 차 더 하실 분은 없으신가요? 내가 가서 주전자를 올려놓을게요"라고 한다.

상담 중 돈 얘기를 꼭 해야 할 순간이 되면 불편한 상황을 잠깐 미루고 모두 차가 있는지를 확인한다. 아주 험한 사고가 나서 사람들이 부상을 당하고 충격을 받아도 차가 필요하다.

"가서 주전자 올리고 올게." 제3차 세계대전이 터져서 곧 원자폭탄이 떨어질 것 같다. "가서 내가 물 올리고 올게요." 이제 당신은 알아챘을 것이다. 우리는 정말 홍차를 좋아한다.

차가 있다는 것, 그 차를 끓이는 행위가 영국인들에게 얼마나 절박한 것인지 짐작할 수 있다. 이러한 일련의 불안 감추기, 즉 어떤 행동이 불안하고 마땅치 않아 다른 행동 뒤로 숨는 것은 영국인들의 '날씨 얘기'와도 일맥상통한다. 케이트 폭스는 영국인들이 날씨 얘기를 하는 경우에 대해서도 세밀하게 관찰했다.

아주 단순한 인사를 나눌 때, 어색한 분위기에서 본론으로 들어가기 위해 말문을 틀 때, 어색한 순간을 모면할 때, 대화의 주제를 바꾸고자 할 때, 대화 중 불편한 침묵이 길어질 때가 바로 그러하다. 사실 둘러보면 전 세계인들이 날씨 얘기를 이렇게 사용하고 있지 않은가. 그러나 이 소소한 날씨 얘기의 용도를 연구랍시고 조목조목 책에 풀어놓는 경우는 영국밖에 없을 것이다.

소설 중에서 영국인의 '사교불편증', 케이트 폭스가 달리 표현한 '사교기능 장애'가 영국 사회에서는 꽤나 익숙한 것이었음을 알 수 있는 작품이 있다. 『셜록 홈즈』 시리즈에 간혹 등장하는 셜록의 형 마이크로프트 홈즈는 관찰력과 추리력에서 동생보다 한 수 위인 인물이다. 그는 '디오게네스' 클럽의 회원이다.

빅토리아 시대의 클럽 분위기는 딱딱하고 엄숙해 숨이 막힐 정도였다. 클럽의 성격은 개인적인 공간부터 공적인 공간까지 다양했는데, 계급과 성적 배타성(여성 출입금지)을 확고히 유지하고 있었다. 어떤 클럽은 타인과 타인의 취향으로부터 완전한 방어를 목적으로 했다. 셜록 홈즈는 디오게네스 클럽에 대해 이렇게 말한다.

> 런던에는 수많은 사람이 살고 있는데 그중에는 수줍음 때문에, 또는 인간에 대한 혐오 때문에 타인과 교제하는 걸 원치 않는 사람들이 있네. 그런데 아무리 그렇다 해도 푹신한 의자에 앉아서 방금 나온 신문이나 잡지를 들추는 것까지 싫어하는 사람은 없거든. 디오게네스 클럽은 원래 그런 사람들을 위해 발족된 모임이지. 그래서 지금 거기엔 사교성 없기로 런던에서 둘째가라면 서러울 사람들이 다 모여 있네. 그곳 회원들은 서로에게 절대로 관심을 가져서는 안 된다네. 거기선 내빈실만 빼고 일체의 대화가 금지되어 있지. 이 규정을 세 번 이상 어기면 제명될 수도 있어. 우리 형은 그 클럽의 발기인 중 하나인데 사실 나도 거기 가면 마음이 아주 편해진다네.

한편, 요리 칼럼니스트인 테리 탄은 영국인들을 '고정된 습관을 가진 사람들'이라고 했다. 이들은 수년 동안 매주 같은 시간 같은 레스토랑 같은 테이블에 앉아 같은 음식을 주문한다. 구세대일수록 더욱 그렇고 젊은이들조차도 일주일에 세 번은 이렇게 식사하는 경향이 있다. 또 이것을 지극히 정상적인 행동이라고 생각한다. 심리학자들은 이러한 행동이 익숙하지 않은 것에 대한 두려움에서 나온 것이라고 지적한다.

영국은 역사적으로 가장 남성적이고 자만심과 자존심이 강한 민족의 모습을 만들어왔다. 때문에 영국인들이 타고난 수줍음으로 중증에 가까운 대인기피증에 시달리며, 익숙한 평온함이 깨지는 것을 무엇보다 두려워한다는 점은 상상하기 어렵다. 그러나 사실이다. 케이트 폭스의 지적처럼 차와 관련한 이들의 다양한 행동이 사교불편증을 숨기기 위한 것이라면 차는 정말 영국인들에게는 절실한 것이다. 그래서 작가 시드니 스미스는 "차를 우리에게 내려주신 신께 감사하라! 차가 없었다면 과연 어떤 일을 할 수 있었을까?"라고 했다.

일부 사회학자들은 커피하우스를 통해 커피 문화가 영국에서 꽃피었지만 차갑고 과묵한 기질상 평온함을 주는 홍차가 그들에게 더 적합했을 거라고 한다. 네덜란드를 비롯한 유럽 강국들이 그토록 차 산업에 목을 맸으나 자신의 영혼마저 내놓을 정도로 홍차를 사랑한 민족은 영국인들밖에 없었다. 커피처럼 강렬한 것보다 은근히 몸과 정신을 이완시켜주는 음료가 이들의 고질병을 치유하는 데 더 도움이 되었기 때문이다.

영국식 정원

홍차를 마시기에 가장 이상적인 장소를 만들다

　영국을 여행하다보면 정원 가꾸기에 관한 책이 어마어마하게 많아 놀란다. 정원 가꾸기를 돕는 책들이 서점의 많은 매대를 채우고 있는 이유는 카잔차키스의 말에서 그 힌트를 얻을 수 있다. "만약 여행자가 영국인의 마음을 들여다볼 수 있다면, 아마도 마음 한복판에서 오래된 풀밭 한 뙈기를 발견하게 될 것이다."

　'Green Thumb'녹색 엄지손가락이라는 말이 있다. 영국 민간에서 나온 이야기인데, "재능이 있는 사람은 녹색 엄지손가락을 가지고 태어난다"고 한다. 그 재능이란, 다름 아닌 식물을 잘 기르는 것이다. 이와 반대로 원예 기술이 없어 식물을 잘 죽이는 사람을 가리켜 'Brown Thumb'를 가졌다고 한다.

최대한 단순하고 자연스럽게

영국인은 꽃과 식물, 나무, 정원, 숲을 좋아하기로 유명하다. 다른 나라 사람들이 무언가 먹을 것을 키워보려고 화단을 가꾸는 것과 달리 영국인은 갖가지 관목이 들어선 드넓은 초원을 꿈꾼다. 프랑스인은 토착 식물을 키우지만, 영국인은 그들의 정원에서 전 세계 식물을 보고 싶어한다. 그들은 히말라야산 백합, 중국산 등나무를 비롯해 세계 각지의 이름 모를 희귀 식물을 키운다. 작게는 손바닥만 한 개인의 정원에서 크게는 큐 가든Kew Garden과 같은 세계 최대 규모의 식물원을 일구는 데 온갖 정성을 다하는 것을 보면 전원을 향한 이들의 애정의 깊이를 짐작하고도 남는다.

조지 오웰은 영국 국민은 서로 다른 개인이지만, '영국 문명'이라는 이름으로 인식되는 뭔가가 있다고 했다. 그 예로 영국인의 '꽃을 사랑하는 습성'을 들었다. 또 외국에 나갔다 들어오면 단번에 이 나라의 공기가 다른 나라와 다름을 알 수 있다고 했다. 도착한 지 몇 분 만에 수십 가지 자잘한 영국적인 특성이 공모해 이런 느낌이 들도록 한다는 것이다. 그의 지적대로라면 "영국의 맥주는 더 쓰고, 동전은 더 무겁고, 풀은 더 푸르다."

어찌되었든 전원에 대한 가슴앓이가 극심한 민족이 가장 먼저 산업화를 추진했다는 사실은 아이러니다. 그래서 영국인들은 언제나 극과 극의 지점에서 늘 세계로부터 오해 또는 찬사를 받는다. 전통과 현대, 보수와 진보, 시골과 도시로 대표되는 영국은 아마도 가장 문명화된 사고를 하면서 가장 오래된 도구를 사용하는 사람들의 나라일 것이다.

'영국식'The English이라는 말에는 늘 정원이 따라다닌다.

"너희 집 정원을 산책하고 직접 딸기를 따서 나무 아래에 앉자. 네가 뭘 대접하려고 하든지 장소는 밖이 될 거야. 그늘에 탁자를 펴는 거야. 모든 것이 최대한 단순하고 자연스럽게."

소설 『엠마』에서 엘턴 부인이 한 말이다. '최대한 단순하고 자연스럽게'는 이른바 '영국식'이라는 대부분의 것들에 적용되는데, 특히 정원에는 이 주문이 그대로 들어맞는다.

영국의 정원은 르네상스 시대 이탈리아의 정원과 17, 18세기 프랑스의 기하학적 정원에서 발전했다. 하지만 오늘날 영국의 정원 문화가 그토록 유명한 것은 프랑스식과 극명한 대조를 이루기 때문이다.

프랑스식 정원은 애써 줄 맞춰놓은 나무에서 가지 하나라도 삐죽 고개를 내밀라치면 바로 싹둑 잘라버릴 정도로 인위적이고 작위적이다. 반면, 영국식은 자연의 풍경을 정원으로 끌어들인다. 담장으로 정원과 주변의 경계를 짓는 대신 눈에 보이지 않거나 숨겨진 울타리를 이용해 정원이 주변 환경과 연결되도록 한다.

프랑스식 정원이 하나의 축을 중심으로 대상을 바라보도록 설계된다면, 영국식 정원은 고정된 시점 자체가 없다. 영국식 정원은 그냥 바라보기보다는 정원으로 걸어 들어와 뜻밖의 장소와 예상

앙리 마르탱, 「뤽상부르 정원」(Jardin du Luxembourg), 1932~5.

치 못한 모퉁이를 만나거나 탐사하도록 이끈다.

영국인들은 가지가 이리저리 뻗어 있는 자연스러운 나무들이 어우러진 정원이 그들이 사명을 다해 지키고자 하는 자유와 독립성에 더 잘 어울리는 것이라고 생각한다.

정원, 차 그리고 여성의 욕망

영국식 정원은 18세기에 들어 자연의 아름다움을 발견하고 또 그 아름다움을 현실에 구현하려는 '픽처레스크'Picturesque 취향으로 인해 그 색채가 짙어졌다.

영화 「공작부인」의 등장배경 가운데 한 곳인 채스워스 저택은 영국식 정원의 진수를 유감없이 보여준다. 18세기 영국 최고의 권력가였던 데번셔 공작부인 조지아나가 거니는 정원은 꽃과 나무들이 바둑판처럼 반듯이 구획된 정원이 아니다. 초록의 잔디가 끝없이 너울대는 대지에 평화로이 풀을 뜯고 있는 양떼가 있고, 나무 잎사귀를 옆으로 살짝 걷어내면 고요하고 포근한 호수가 보인다. 자유롭고 원초적인 편안함, 이것이 인공적으로 만들기보다는 자연의 일부를 정원에 끌어들인 '영국식 풍경정원'English Landscape Garden이다.

영화는 처음에도 마지막에도 정원을 비춰준다. 순수하면서 거침없는 처녀 때의 조지아나와 자신의 이상과 사랑을 포기하고 자녀들이 뛰노는 풍경 속에서 편안히 웃음 짓는 공작부인은 정원이라는 장소에서 다시 만난다.

픽처레스크 취향은 '있는 그대로의 자연', 즉 파괴되지 않은 자연을 경험하려는 욕구와 영국 고유의 아름다운 자연 풍경을 경험하려는 정서가 결합된 것으로 여행, 정원, 시, 회화, 건축 등 여러 분야로 확산되었다.

회화의 경우에 존 컨스터블1776~1837은 가장 영국적인 풍경화가로 이름을 떨쳤다. 젊은 시절, 그는 잉글랜드 북부 산악지대인 피크 디스트릭트Peak District와 레이크 디스트릭트Lake District를 여행했지만 거침없는 북부의 자연은 그를 위축시킬 뿐 어떤 감흥도 주지 못했다. 그는 고향인 이스트앵글리아 지방의 온화하고 정겨운 풍경에 더 끌렸다. 터너를 비롯해 많은 화가들이 이탈리아와 파리 등지를 여행할 때도 컨스터블은 영국 땅을 벗어나지 않았다.

1824년 파리 살롱에 전시된 컨스터블의 작품「건초 수레」는 큰 화젯거리가 되었다. 그림에는 시골집과 들, 수풀, 배, 마부, 마차, 강아지 등 고향의 친근한 소재들이 등장한다. 미술비평가 곰브리치는 이 작품에 대해 이렇게 세심하게 짚어낸다.

우리는 우리 자신을 그림 속에 몰입시켜 배경을 이루고 있는 초원에 점점이 비친 햇살을 살펴보고 흘러가는 구름을 쳐다보아야 한다.

또한 강줄기를 따라서 지극히 단순하고 소박하게 그려진 물

존 컨스터블, 「건초 수레」(The Haywain), 1821.

방앗간 옆을 상상 속에서 거닐어보지 않으면 안 된다. 그래야만 자연보다 더 근사하게 보이도록 묘사하기를 거부하고 가식적인 자세나 허세가 전혀 없는 그의 철저한 성실성을 제대로 이해할 수 있다.

이 작품은 마음 한복판에 오래된 풀밭 한 뙈기를 품고 사는 영국인들을 자극하기에 충분했다. 이는 18세기 중엽 시인 워즈워스가 노래한 영국의 자연과 다름없었다. 영국인은 이런 목가적인 풍경화를 좋아했고, 그림 속 그곳을 찾아 여행하기를 원했다.

부유한 사람들은 풍경화의 아름다움에 취해 저택과 정원에 소자연을 꾸미기도 했다. 그렇게 하고서도 갈증이 난 사교계 인사들은 돈을 내고서라도 정원에서 산책을 즐기고자 했다. 1732년, 런던에 최초의 '티가든'인 복스홀 가든이 문을 열었다.

티가든은 '정원, 차 그리고 여성'에 의해 탄생했다. 영국인이 그토록 사랑해 목을 매는 정원과, 동양에서 봇물 터지듯 수입하기 시작한 차, 남성만 출입할 수 있었던 커피하우스에 오랫동안 불만을 품고 있던 여성들. 이 삼박자가 만들어낸 장소였다.

17세기는 커피하우스, 18세기는 티가든이 전성기를 누렸다. 차와 커피가 다르듯 티가든은 커피하우스와 달랐다. 티가든은 커피보다 차 위주였다. 황태자부터 노동자 계층에 이르기까지 남녀 모두에게 개방되었다. 옷을 제대로 차려입고, 차와 커피 값을 포함해

1~2실링만 내면 누구나 환영받는 장소였다. 오늘날 식당에서 종업원에게 서비스의 대가로 주는 팁은 이곳에서 비롯되었다고 한다. 당시 티 테이블 위에는 'T.I.P.S'라고 적힌 작은 상자가 있었다. 이는 'To Insure Prompt Service'의 약자로 "신속하게 서비스를 할 테니 상자에 돈을 넣어주세요"라는 의미가 담겨 있다. 차와 식사를 함께 제공했던 티가든은 당시 여가 문화를 이끌었다.

티가든 개장일은 런던의 봄을 알리는 신호탄이었다. 아름다운 꽃들이 만발한 낮과 형형색색의 조명등이 빛나는 밤은 열기로 후끈했다. 호젓한 산책길, 음악의 향연이 펼쳐지는 콘서트홀, 그리고 볼링, 서커스, 카지노, 불꽃놀이, 뱃놀이, 춤 등 온갖 오락거리가 사람들을 반겼다. 복스홀 티가든 이후 멀버리, 라넬라, 화이트 컨딧하우스 등이 잇달아 문을 열었다.

티가든에서 신사숙녀가 차를 마신다는 것은 연애나 청혼의 의미로도 통했다. 남자는 실수로 그런 것처럼 여자의 치맛자락을 살짝 밟고는 사과의 뜻으로 "화이트 컨딧에서 차 한 잔 하자"며 구애를 했다. 당시 런던에는 '화이트 컨딧의 빵'과 "나를 티가든에 데려가주세요"라는 말이 유행어였다. 19세기 최강의 영국 해군을 만든 트라팔가르 해전의 영웅 넬슨 제독이 부인 엠마 해밀턴을 만난 곳도 티가든이었다.

런던의 근사한 티가든을 따라 영국 전역과 식민지에도 티가든이 문을 열었다. 대부분의 도시에는 미니 복스홀이 생겨났다. 홍차

프리츠 시더, 「중국 타워」(The Chinese Tower), 1873.

에 애정이 남달랐던 제인 오스틴이 자주 방문하고 또 얼마간 살기도 했던 바스도 그러했다.

"화요일 저녁에 시드니 가든스에서 큰 축제가 있을 거야. 음악회와 전등 축제, 불꽃놀이가 있을 테지. 나는 특히 불꽃놀이와 전등 축제를 기대하고 있어."

그녀는 여름밤의 티가든을 좋아했다.

여성들을 향한 에로틱한 제안

19세기에 사교 문화의 중심이 가정에서 즐기는 애프터눈티로 옮겨오자 티가든의 인기도 점차 시들해졌다. 그러나 무슨 일이 있어도 영국인들은 정원을 포기하지 않았다. 차를 집안으로 끌어들인 것과 마찬가지로 정원 문화에도 새바람이 불었다. 가정에서 여성 스스로 정원을 만들기 시작했다.

1717년 원예 작가이자 설계자인 찰스 에블린이 『여인들의 여가 생활』 *The Lady's Recreation*을 출간한 이후, 제인 웹이라는 과학 소설가가 여성의 원예 활동에 불씨를 지핀다. 1827년 당시까지도 그녀는 정원을 가꾸는 데 어떤 지식도 없었다. 그런데 어느 날 익명으로 출간한 그녀의 소설 『미라』 *The Mummy*에 묘사된 잔디 깎는 기계에 반한 존 루던이라는 정원 조성 저술가가 그녀를 찾아온다. 자신이 찾아온 소설가가 여자라는 사실에 깜짝 놀란 존은 운명적으로 제인에게 청혼하고, 이후 두 사람은 평생 동반자가 되었다.

당시 존은 이미 원예 분야에서 입지전적인 인물이었다. 건강이 상당히 좋지 않은 상태에서 혼자 힘으로 여러 종류의 정원 조성 잡지를 편집하고 또 관련 책들을 집필했다. 제인은 남편 존이 백과사전을 비롯한 몇 권의 책을 쓸 때 도움을 주었다. 그러다 한 권의 책으로 존보다 더 유명인사가 된다. 마침 가정에서 정원 만들기 붐이 일던 1841년, 『부인들을 위한 정원 조성의 실용적 지침들』*Practical Instructions in Gardening for Ladies*을 발간하면서였다.

이 시대 영국의 중산층 여성들은 사회와 가정에서 철창 없는 감옥생활을 해야 했다. 일거수일투족을 평가하는 사회의 엄격한 잣대 때문에 그녀들은 지루해 죽을 지경이었다. 이 책의 발간은 그 여성들에게 산소 호흡기를 달아준 셈이었다. 제인은 소설을 쓰던 이력을 발휘해 여성들을 향해 손을 더럽히라고, 살짝 땀에 젖어보라고 에로틱한 격려를 해왔다. 또 고맙게도 이 책은 여성 독자들이 남성의 간섭에서 벗어나 스스로 정원기술을 터득할 수 있는 방법도 알려줬다.

제인과 존의 운명적인 만남처럼, 여성에게 사랑받은 홍차와 정원 덕분에 오늘날 영국 문화는 더욱 화려하게 꽃을 피웠다. 꽃과 식물에 물이 오르는 봄부터 낙엽 냄새가 짙어가는 가을까지, 홍차와 정원은 환상의 궁합을 이룬다. 이것이 '자연 그대로의 영국식 정원'이 절실히 필요한 까닭이다.

영국인에게 실내에서 차를 마셔야 하는 추운 겨울은 고문과도 같은 시간이다. 오후 세 시경부터, 어둠이 내리는 겨울이 되면 영국 사람들은 홍차 마시기에 더욱 집착한다. 햇빛도 거의 쬘 수 없고 정원도 거닐 수 없어 한없이 우울한 시간, 그들은 자연에서 채취한 위안제인 홍차에 젖어들 수밖에 없다.

Tea Spy

홍차 스파이

욕망

차에 대한 열망이 어쩌나 강했던지

영국은 스파이까지 동원해 중국에서

차 재배 비법을 빼오기에 이른다.

산지별 홍차 제조방법, 찻물을 만드는 방법,

마시는 방법 등이 가득 들어 있는 책들을

몽땅 베끼고 또 훔쳤다.

수천 년 동안 중국이 지켜온 차의 비밀을

고스란히 도둑질했지만,

정작 그는 양심의 가책을 느끼지 않았다.

오히려 빅토리아 시대의 오만한 영국을

등에 업고 자신의 도둑질을 정당화했다.

신이 부여한 영국의 정당한 권리라고

생각한 것이다.

커피하우스의 탄생

과묵함을 벗고 '대화의 시대'를 열다

"여러분의, 건강을, 위해!" 영국인은 어디까지 과묵할 수 있을까. 한 러시아인은 18세기 영국에서 커피하우스가 사교의 장소가 되었을 때도 그곳에서는 이 단 세 마디만 들을 수 있었다며 꼬집었다. 그러나 커피하우스는 사교에 영 소질이 없던 영국인들을 불러들였고, 단단히 봉하고 있던 이들의 입을 풀어 '대화의 시대'를 열어준 곳이다.

과묵한 영국 남자들의 수다방

영국 최초의 커피하우스 주인은 터키 출신의 유대인 제이콥이었다. 제이콥은 알고 지내던 터키인에게 커피 열매를 건네받고 1650년 옥스퍼드에 커피하우스를 차렸다. 옥스퍼드와 쌍벽을 이루는 케임브리지에 커피하우스가 문을 연 것은 1660년대에 이르러서였다. 젊음과 지성의 상징인 옥스퍼드에서 영국 최초의 커피하우스가 탄생했다는 것은 꽤나 의미심장하다. 프랑스를 비롯한 문화와 예술을 화려하게 꽃피웠던 유럽에서 지성인들은 언제나 카페로 모여들었기 때문이다.

영국에서 커피가 인기를 얻는 데 결정적인 기여를 한 인물은 파스쿠아 로제였다. 시칠리아에서 태어났지만 혈통상으로는 그리스계인 그는 당시 터키의 스미르나오늘날의 이즈미르에서 영국인 무역상 대니얼 에드워즈의 하인으로 일했다. 에드워즈를 따라 영국에 온 로제는 주인의 손님들에게 커피를 대접하면서 이 음료를 사람들이 꽤 좋아한다는 걸 알게 되었다.

1652년 로제는 런던의 세인트 콘힐에 있는 교회 묘지의 마당 창고에 런던 최초의 커피하우스를 차린다. 그는 커피가 건강에 유익하다고 홍보했는데, 두통, 헛배 부름, 통증, 괴혈병, 유산, 눈병과 같은 질병을 고치거나 예방해주는 약처럼 소개했다. 로제의 사업은 꽤 성공했으나 전성기는 오래가지 못했다. 그는 경범죄 때문에 영국에서 추방당했고 그의 자리는 이내 다른 커피 제조업자 차지가 되었다. 1666년 런던 대화재가 일어날 즈음, 런던에는 무려 80군데 이상의 커피하우스가 성업 중이었으며 이 도시의 경제와 문화를 주도하는 역할을 했다.

초기 커피하우스는 지금과는 다른 풍경이었다. 대개는 허름한

목조 건물의 2층에 자리 잡고 있었다. 밖에서 보면 아름다운 조명 등 아래로 여자 종업원이 손님의 자리를 안내하는 멋스런 분위기의 공간이었다. 하지만 막상 그 안에 들어서면 자욱한 담배 연기와 시장 바닥 같은 소란이 뒤범벅되어 여성의 출입을 막은 것이 오히려 다행일 정도였다.

커피하우스마다 판매하는 음료가 똑같지는 않았다. 초기에는 주로 커피와 코코아를 팔았다. 홍차가 주요 메뉴가 된 것은 1730년대 이후다. 술은 판매할 수 없었으며, 가벼운 식사는 할 수 있었다. 서비스를 하는 여자 종업원은 남장 차림이었다. 손님들은 담배를 피우며 이야기를 나눴고, 가끔 분위기에 동요되어 연설을 하는 이도 있었다.

당시 커피하우스를 그린 풍속도를 보면 가장 눈에 띄는 것이 중앙의 커다란 테이블이다. 테이블 위에는 두꺼운 『성서』가 펼쳐져 있고 그 옆으로 신문이나 잡지와 함께 상품 광고지, 극장 안내지들이 놓여 있다. 테이블 중앙에 한 사람을 두고 여러 손님이 그를 둘러싸고 있는 장면이 자주 목격되는데, 신문과 잡지를 읽어주는 광경이다. 당시 주간으로 발간되던 신문은 부수도 적고 비싸서 소수의 신사계층만 읽을 수 있었다. 커피하우스가 영국 문화의 커다란 축으로 자리하면서 이 테이블은 점차 각 분야의 전문적인 이야기가 오가는 담론의 자리가 되었다.

커피하우스 전성시대

커피하우스의 개성은 단골손님들의 몫이었다. 17세기 말 『내셔널 리뷰』*National Review*는 이렇게 보도했다.

> 모든 직업인이, 모든 상인이, 어느 계층, 어느 정파에 속하든 모든 사람이 자신의 단골 커피하우스를 갖고 있다.

런던을 여행한 한 스위스인은 1727년 고국으로 보낸 편지에 런던 사람들은 처음 만나는 사람에게 으레 "당신의 단골 커피하우스는 어디입니까?"라고 인사를 건넨다고 전했다. 19세기 역사가인 토머스 매컬리는 『영국사』*History of England*에서 강조했다.

> 커피하우스는 런던 시민들의 집이며, 진정한 신사는 플릿 스트리트나 챈서리 레인에 살고 있느냐가 아니라, 그레시안이나 레인보우 커피하우스에 얼마나 자주 들르느냐에 따라 정해졌다.

세상 돌아가는 이야기를 듣고 싶다면 커피하우스에 가면 해결되었다. 입장료 1페니만 내면 온갖 정보를 얻을 수 있어 옥스퍼드 학생들 사이에서 커피하우스는 '페니 대학'Penny University이라 불렸다. 이곳에서 사람들은 타 지역의 상품 가격 정보를 듣고 자신의 제품 가격을 정하기도 하고 비즈니스 계약을 체결하기도 했다. 또 새로 출간되는 책에 대한 의견을 묻기도 했다.

커피하우스는 일상의 입방앗거리는 물론이고, 정치와 경제, 사회, 문학 등 전문적인 정보를 다른 이의 입을 통해 들을 수 있는 미디어 역할을 톡톡히 했다. 초기 커피하우스의 단골은 기업가와 법조인, 교수와 학생, 언론인 등 전문가 집단이었다. 특히 커피하우스는 근대 저널리즘의 요람이었다.

1709년에 런던에서 창간된 잡지 『태틀러』*Tatler*는 첫 호에서 이렇게 선언했다.

> 무용담과 쾌락, 즐거움에 대한 모든 내용은 화이트초콜릿하우스의 기사를 통해서 알려질 것이며, 시는 윌스 커피하우스, 지식인들은 그레시안에서 만날 수 있고, 국내외 소식은 세인트 제임스의 커피하우스에 가면 알게 될 것이다.

1711년 영국에서 창간된 유럽 최초의 신문 『스펙테이터』*Spectator*는 커피하우스에서 발족했으며, "차를 즐기는 사람들을 독자로 창간한다"고 선언했다. 『스펙테이터』 이후 인쇄물 발행 현황을 보면 영국인들이 얼마나 다양한 세상 소식에 귀를 기울였는지 짐작할 수 있다.

『런던 가제트』*London Gazette*는 매주 월요일과 목요일에, 『데일리

코란트』*Daily Courant*는 일요일을 제외하고 매일 발행되었다. 『포스트맨』*Postman*, 『플라잉 포스트』*Flying Post*, 『포스트보이』*Postboy*는 각각 화, 목, 토요일, 그리고 『잉글리시 포스트』*English Post*는 월, 수, 금요일에 발행되었다. 이런 출판물들은 런던과 런던 외곽은 물론, 시골에까지 뉴스거리와 정보, 유머를 신속하게 날라주었다.

신문과 잡지 편집자들은 사교와 정보의 마당인 커피하우스에서 아이디어를 얻고 기사를 썼다. 그러나 누구보다도 커피하우스에 자주 얼굴을 내민 부류는 시인을 비롯한 작가였다. 파리와 마찬가지로 런던에도 문학 커피하우스가 속속 생겨났다. 가장 대표적인 것이 코벤트 가든의 '윌스 커피하우스'였다. 1660년경 문을 연 이곳에는 세 개의 클럽이 있었다. 정치가 클럽과 서민 클럽 그리고 시인과 작가, 편집인 들로 구성된 위트 클럽이었다.

위트 클럽의 중심인물은 시인이며, 극작가이자 비평가인 존 드라이든1631~1700이었다. 1674년 이래 윌스의 단골이 된 그는 오전에는 집에서 집필하고, 그 외 시간은 윌스에서 보냈다. 그의 팔걸이의자는 겨울에는 난롯가에, 여름에는 발코니에 마련되었다. 드라이든과 클럽 회원들은 30년 동안 그곳에서 새로운 시집과 희곡 등에 대해 토론했다. 『로빈슨 크루소』의 작가 다니엘 디포도 단골이었다.

영국 소설이라는 새로운 문학 장르의 탄생 배경에도 역시 커피하우스가 자리한다. 커피하우스 덕분에 작가들은 여러 계층의 사람들을 만날 수 있었다. 그래서 굳이 왕실이나 지배자들의 이야기가 아니더라도 평범한 인물의 일상과 경험 등을 그려낼 수 있었다. 자유로운 대화와 논쟁이 문학적 사고의 폭을 넓히는 더없이 좋은 자양분이 되었던 것이다.

커피하우스는 정치적으로 합의를 이루거나 또 반대로 음모를 꾸미는 장소이기도 했다. 영국에서 커피하우스는 찰스 1세의 폐위와 처형 이후 권력을 잡은 올리버 크롬웰의 통치 기간에 등장했다. 청교도 신봉자인 크롬웰 시대에는 음침한 분위기의 선술집보다 건전한 분위기의 커피하우스가 더 잘 어울렸다. 1658년 크롬웰이 사망하자 국민들은 왕정복고를 원했으며, 이 기간 동안 커피하우스는 찰스 2세의 집권을 도모하는 논쟁의 장소가 되었다. 찰스 2세의 왕위는 커피하우스에서 만들어졌다고 해도 과언이 아니다.

재미있는 것은, 왕위에 오른 찰스 2세가 커피하우스를 경계하기 시작했다는 것이다. 경험상 커피하우스 안에서 무슨 일이 벌어지는지 그 누구보다 잘 알았기 때문이었을까. 자유분방하고 화통해 '유쾌한 왕'으로 알려졌던 그는 커피하우스가 정치적인 음모를 모색하는 장소로 점점 굳혀지자 평정심을 잃고 만다.

1675년 12월 29일, 결국 찰스 2세는 커피하우스 폐쇄 명령을 내린다. 하지만 국민들의 원성만 들었을 뿐이다. 정치뿐 아니라 영국 사회와 경제, 과학, 문학에 이르기까지 그토록 포괄적이고 심층적으로 정보를 공유할 수 있는 장소로 커피하우스는 전무후무했

필립 콘나드, 「5월의 아침」(May Morning), 19세기.

다. 커피하우스의 인기는 왕의 위엄도, 왕의 공표도 무용지물로 만들었다.

커피보다 홍차, 여성들의 반격

한편, 초기 커피하우스는 여성의 출입을 금했다. 영국 남성들이 과묵함을 벗고 대화의 시대를 여는 동안 여성들의 불만은 쌓여만 갔다. 여자는 하루에 2만 단어를 말하는 반면, 남자는 7천 단어를 말한다는 우스갯소리가 있다. 커피하우스에서 쓰디쓴 커피를 몇 잔씩이나 마시고 또 대화로 정력을 소진한 채 집으로 돌아온 남편을 어느 아내가 반겼을까.

결국 커피하우스에 남편을 빼앗긴 부인들은 '커피를 반대하는 여자들의 탄원서'를 작성하기에 이른다. 이 탄원서는 아침부터 술집으로 몰려가서 고주망태가 되도록 술을 퍼마시다가 다시 커피하우스로 가서 술을 깨는 남자들을 비판하고 있다. 하지만 이 운동은 거의 실패한 듯 보였다. 남자들은 아랑곳하지 않고 커피하우스를 기웃거렸고, 여자들은 집안에 틀어박혀 시큼한 버터 우유만 맛봐야 했다. 커피와 차, 코코아는 가게에서만 팔았기 때문이다.

마침내 변화가 일어났다. 1717년 토머스 트와이닝스는 톰스 커피하우스에 이어 두 번째 가게인 골든 라이온을 열었다. 손님이 집에서 차를 끓일 수 있는 찻잎을 판매한 영국 최초의 차 가게였다. 드디어 차가 남성 전용의 커피하우스에서 여성의 공간인 가정으로 들어갈 채비를 하게 된 것이다.

이 가게는 여성들이 가게에 와서 블렌딩 한 차를 시음할 수 있도록 해 또 하나의 신선한 바람을 몰고 왔다. 수많은 부인들이 차 가게로 모여들었다. 그리고 몇 실링이든 돈을 지불하고 차를 마음껏 마셨다. 더 이상 담배와 홀아비 냄새에 절은 커피하우스에 미련을 두지 않아도 되었다.

아무도 기억하는 이 없겠지만, 또 다른 변화도 있었다. 1725년 요크셔 출신의 메리 투크는 영국의 차 역사에 새로운 장을 연다. 오랫동안 남성이 지배한 차 업계에서 여성 최초로 차 상인이 된 것이다. 남성의 전유물이었던 문화와 기호의 영역에 변화의 바람이 불었다. 여성이 팔고 여성이 사는 차의 세계가 열린 것이다.

결과적으로 커피하우스의 엄청난 인기에도 불구하고 영국인들은 차를 선택한다. 영국은 커피를 공급받을 수 있는 식민지가 없었고, 더욱이 가정에서 티타임을 갖게 되면서 커피하우스는 점점 쇠퇴한다. 또 단돈 1페니만으로도 입장이 가능해 모든 계층이 드나들었던 커피하우스는 영국 신사들의 관심을 오랫동안 잡아두지 못했다. 200년 이상을 지속해왔던 커피하우스가 문을 닫는 동안 그 자리에 사적인 클럽들이 하나둘씩 생겨났다.

홍차와 설탕

사치품과 필수품 사이에서 모든 영국인을 유혹하다

"유레카!바로 이거야" 유럽 정치인들과 무역상들이 처음 설탕을 맛보았을 때 이런 탄성이 나왔을 게 분명하다. 당시는 단맛 나는 감미료라고는 꿀 정도가 전부였다. 그러니 이것이 어떤 희생과 피를 흘리고서라도 손에 쥘 만한 것이란 걸 단번에 알아챘다.

유럽의 눈을 멀게 한 황홀한 달콤함

누구나 좋아하는 달콤한 맛 덕분에 설탕은 아프리카 오지든, 알래스카 극지든 세계 어디서나 사랑을 받는 상품이 될 수 있었다. 하지만 이 황홀한 순백색 가루의 이면에는 결코 달콤할 수 없는 피비린내 나는 역사가 있다.

17세기 유럽 열강의 표적이 된 설탕의 원료는 사탕수수였다. 대

나무 설탕과 캐나다의 단풍 시럽으로도 설탕을 만들 수 있었지만 대량생산에는 적합하지 않았다. 또 사탕무는 19세기가 되어서야 그 재배법과 가공법이 유럽에 전해졌기 때문에 그전까지는 사탕수수의 세상이었다.

사탕수수는 이슬람교도와 기독교도 들의 손을 거쳐 15세기 포르투갈 대서양의 여러 섬에서 대규모 플랜테이션을 통해 생산되었다. 식민지 등에서 선주민이나 노예의 값싼 노동력을 이용해 대량 생산한 것이다. 사탕수수 재배지는 16세기에는 브라질, 17세기에는 영국령이나 프랑스령의 카리브 해 섬들로 이동한다. 이때부터 설탕의 역사가 시작되었다고 할 수 있다.

사탕수수 재배와 가공에는 엄청난 노동력과 비용이 따랐지만 유럽 강국들은 마치 노다지를 발견한 것처럼 설탕 사업에 덤벼들었다. 사탕수수 농장에는 유럽, 그중에서도 영국 자본이 가장 많이 투입되었다. 트리니다드 토바고카리브 해 동남쪽의 트리니다드 섬과 토바고 섬이 합쳐진 공화국의 독립운동 지도자이자 수상이었던 에릭 윌리엄스가 "사탕수수가 있는 곳에 노예가 있다"고 지적했듯 설탕 사업의 성공은 카리브 해의 노예 노동력을 착취한 데서 얻어진 것이었다.

수십만 명의 아프리카 흑인들이 노예로 끌려와 강제노동에 시달렸다. 초기에 백인 노동자들을 고용하는 방안도 검토되었으나 값싸게 대량 노동력을 확보하는 가장 좋은 방법은 아프리카인들을 끌고 오는 것이었다. 아프리카 노동자들이 겪는 고통과 상처가 너무나 컸지만 설탕이 주는 달콤한 권력에 유럽 강대국의 정치가와 사업가 들은 눈이 멀었다. 오늘날 미국이나 영국, 카리브 해의 섬들에 아프리카계 사람들이 많이 살고 있는 이유는 '설탕의 달콤함 = 노예의 피눈물'이라는 공식이 산출한 씻을 수 없는 역사의 흔적이다.

당시 플랜테이션은 유럽을 중심으로 세계시장에서 팔리는 작물만을 경작하고 다른 것은 거의 재배하지 않았다. 카리브 해의 경우에는 설탕이 주로 재배됐다. 설탕 플랜테이션의 성공은 카리브 해를 온통 사탕수수 밭으로 만들어버렸다. 모든 환경이 송두리째 바뀌었다. 여러 섬의 토양도, 거주하는 사람들의 구성도, 사회와 경제구조도 오직 사탕수수 재배에 맞춰 변화했다. 비슷한 이유로 실론 섬 현재의 스리랑카은 차 밭 천지가 되었고, 미국 남부는 면화, 남미의 여러 국가는 커피콩으로 국토 전체가 뒤덮였다.

영국은 카리브 해 설탕 플랜테이션의 최대 수혜자였다. 영국 작가 윌리엄 본이 『건강을 위한 자연물과 인공물의 사용법』*Natural and Artificial Directions For Health*에서 엄청난 양의 설탕을 사용하는 디저트를 자연스러움이 결여된 음식이라며 비판했으나 영국인들의 설탕 소비량은 유럽에서도 가장 많았다.

영국인들은 처음부터 설탕을 좋아했다. 설탕은 비쌌지만 이가 새까맣게 썩어 들어갈 때까지 먹는 것을 멈추지 않았다. 그래야만 자신이 얼마나 부유하고 또 놀라울 정도로 방종한지 보여줄 수 있었기 때문이다. 헨리 8세 시대를 즈음해서는 거의 모든 음식에 설탕을 뿌려댔다. 달걀에도, 고기에도, 감자에도, 채소에도 뿌렸다. 심지어 와인에도 가미했다. 감당할 수 있는 사람은 아예 숟가락으로 퍼먹기까지 했다.

엘리자베스 1세의 고결하고 숭고한 자태를 무너뜨린 건 에스파냐 왕도, 프랑스 군대도 아니었다. 바로, 설탕이었다. 여왕은 식민지에서 들어온 진귀한 물건 가운데 유난히 사탕과 초콜릿에 매료됐던 모양이다. 호주머니에 늘 사탕을 넣어두고선 야금야금 꺼내 먹었다.

결국 여왕은 입 냄새와 더불어 이가 거의 썩어 충치로 몹시 고생한다. 궁을 방문한 외국 대사들은 여왕의 흉한 충치를 두고 이러쿵저러쿵 말이 많았다. 나중에 이가 거의 다 빠져 합죽이가 된 여왕은 사람들 앞에서 천으로 입을 가리고 말할 수밖에 없었다.

1747년, 런던 시민들을 위한 지침서로 집필된 로버트 캠벨의 『런던 상인』London Tradesman에는 새로운 직업으로 제과 상인에 대한 언급이 있다.

제과 상인은 사탕과자를 만들어 파는 사람이다. 그는 온갖 종류의 사탕과자를 만들고, 갖가지 과일을 저장하고, 디저트를 만드는 사람이다. 그는 사탕과자로 벽과 성, 피라미드를 만

게오르크 플뤼겔, 「빵과 설탕과자가 있는 정물」(Still Life with Bread and Confectionary),
17세기.

들고 사탕 추를 만든다. 그는 이 방면에서 자유자재로 변신하는 프로테우스와 같아서 많은 맛을 변신시킨다. 그는 신맛 나는 것을 단맛으로, 단맛 나는 것을 신맛으로 바꾼다. 그는 연중 가장 더운 계절, 여름에 만드는 제품도 인공 서리와 눈으로 덮어버려 피라미드 사탕과자 배열을 보면 눈이 즐겁고, 촉촉하면서도 건조한 사탕과자의 맛을 보면 입이 즐겁다.

다양한 음식에 첨가하거나 매혹적인 사탕과자를 만들기도 했지만 영국인들이 대량으로 설탕을 소비한 곳은 따로 있었다. 서인도 제도의 플랜테이션 덕분에 누구나 설탕을 충분히 살 수 있게 되었을 때, 영국인들은 설탕이 특별히 홍차와 잘 어울린다는 것을 알게 된다. 아시아 동쪽 끝에서 채취된 홍차와 서쪽 끝 카리브 해에서 생산된 설탕은 조그만 섬나라 영국에서 최상의 궁합을 이룬다.

달콤한 유혹에 빠진 씁쓸한 뒷맛

어떻게 영국인들은 홍차에 설탕을 넣게 된 걸까? 커피와 초콜릿, 홍차는 그 자체로는 쓴맛을 내지만 초창기에 이를 즐겼던 문화권에서는 설탕을 넣지 않는 것이 보통이었다. 중동의 커피, 아메리카 본토의 초콜릿, 중국의 차는 유럽인들이 처음 발견했을 때에는 설탕을 넣지 않은 상태로 마시던 음료였다.

셰익스피어가 생존했던 그 시절 그리고 카리브 해에 플랜테이션 바람이 불기 전, 유럽에서 설탕과 차는 약국에서 취급될 정도로 귀중한 약품이었다. 설탕은 이슬람 의학과 중세 유럽에서 결핵 치료 등 열 가지 효능을 가진 약재로 여겨졌다. 차 또한 각종 질병을 완화시키는 치유제로 사용되었다. 그러던 차와 설탕이 유럽 귀족들의 식탁에 오르면서 약품에서 '사치의 아이콘'으로 바뀌었다.

17세기 초반 제임스 1세가 신분에 따라 소비생활을 규제하던 것을 폐지하자 귀족층과 신사계층 그리고 엄청난 부를 축적한 상인들 사이에 열띤 사치 경쟁이 벌어진다. 이들은 아시아와 아메리카, 아프리카 등지에서 자신의 신분을 뽐낼 만한 이국의 진귀한 상품을 앞다투어 수입했다. 당시 향신료는 동일한 무게의 은과 비슷한 값어치였기 때문에 마음껏 뿌림으로써 신분을 과시했다.

차와 설탕은 희귀했으며, 때문에 고가였다. 17세기에는 차 100그램이 은 100그램보다 더 비쌌다. 병에 걸리지 않고도 설탕을 맛볼 수 있는 사람은 귀족층이나 부를 맘껏 과시할 여력이 있는 무역상인들뿐이었다. 차를 마시는 것만으로 신분을 뽐내기에 충분했다. 여기에 설탕까지 더하면 두말할 필요가 없었다. 이 시대에 차와 설탕은 '스테이터스 심벌'Status Symbol, 신분의 상징로서 일종의 잣대가 되었다. 설탕을 넣은 홍차는 품격 위의 품격을 의미했다.

차를 마시는 습관은 왕실에서 시작되었다. 귀족들은 거의 매일 티파티를 벌였다. 동인도회사가 이 기회를 놓칠 리가 없었다. 중국 등에서 해마다 생산된 최고급 차가 왕실로 들어갔다. 왕실에 납품

요한 하인리히 티쉬바인, 「차를 마시는 화려한 여성」(A Fashionable Woman Taking Tea), 1756.

되는 차, 왕비와 귀부인들이 마시는 차가 널리 알려지면서 상류층은 물론 신흥 부자들과 서민층에서도 이 호사스런 취향을 흉내 내고자 했다. 사치를 부릴 수 있는 사람이야말로 진정한 상류층이라는 의식이 당시에는 지배적이었다.

이때부터 영국 사회에 스노비즘Snobbism, 즉 '상류계층인 척하는 현상'이 뿌리를 내리기 시작한다. 윌리엄 새커리는 『속물열전』*The Book of Snobs*에서 신분이 낮은 사람을 뜻하던 '속물'Snob이 19세기부터 '신사인 체하고 허세를 부리는 사람들'이라는 뜻으로 바뀌었다고 지적한다.

영국 사회에서 중류층이 상류층을 흉내 내는 습성은 지금까지도 여전하다. 특히 결혼식에서 그렇다. 우리는 상류층입네 하고 대외적으로 과시하고자 하는, 사실은 중류층인 사람들이 무리하게 결혼식을 준비하느라 가정이 멍드는 경우가 흔하다.

차가 은과도 맞먹을 정도로 비쌌던 17세기를 지나 18세기에 이르자 차의 수입이 늘고 관세가 감소하면서 다양한 계층이 차를 즐기는 시대가 열린다. 사치와 흉내, 육체적 욕구와 정신적 풍요 사이에서 귀족계층은 귀족계층대로, 노동계층은 노동계층대로 차를 소비한다. 산업혁명이 진행된 빅토리아 시대가 되자 차는 고품격의 사치에서 '필수적인 사치'가 된다. 차는 언어와 문화, 남과 북, 상위계층과 하위계층 사이를 이어주는 동서양에 유례가 없는 영국만의 문화를 만들어냈다.

18세기 말 영국인들은 평균적으로 프랑스인보다 열 배 더 많이 설탕을 소비했다. 설탕 소비량은 19세기에 들어 더욱 급증해 영국인들은 세계에서 가장 설탕을 많이 먹는 국민이 되었다. 전 계층이 홍차와 설탕을 자신의 것으로 받아들였다. 상류층은 부와 지위를 드러내는 상징적 음료로, 산업자본주의에서 부를 획득한 신흥부르주아와 같은 중간계층은 신분상승의 욕구로 홍차를 마셨다. 가난한 노동계층에게 설탕이 든 홍차는 한 끼 식사로 대체 가능한 칼로리 보급원이었다. 인류학자 시드니 민츠는 『설탕과 권력』에서 차를 영국에 소개한 것은 귀족계층일지 몰라도 차에 설탕을 넣는 것을 범국가적 행위로 바꾼 것은 노동자들이었다고 밝혔다.

영국에서 모든 계층이 홍차를 사랑했기 때문일까. 약육강식의 사냥터가 된 식민지 플랜테이션에서 어린 여자아이와 최하위계층의 일꾼들이 고통스럽게 재배한 차에 카리브 해 노예들이 흘린 피와 땀의 결실인 설탕을 넣고 티스푼으로 휘휘 저은 것이 바로 '영국식 홍차'라는 사실을 자주 망각하게 된다. 그러고 보니 '티스푼'이라는 합성어도 차와 설탕이 만들어낸 또 하나의 합작품이 아닌가.

홍차 스파이

차나무 한 그루 자라지 않는 '홍차의 나라'가 되다

"차_{중국산 음료}를 한 잔 시켰는데, 나로서는 처음 마셔보는 것이었다." 새뮤얼 피프스1633~1703는 『일기』*The Diary*의 저자로 유명하다. 이 글은 1660년 9월 25일자 일기로, 영어로 쓴 글 가운데서 차 마시기에 관한 최초의 언급이었다. 문학작품과 사료로 높이 평가되는 『일기』는 1660년 1월 1일부터 1669년 5월 31일까지 약 10년간, 왕정복고시대의 관료들과 상류사회의 생활을 암호문 형식으로 적나라하게 묘사하고 있다. 125만 단어에 이르는 이 일기는 영국에서 『성서』만큼이나 장기적인 베스트셀러다.

홍차가 뭐길래

당시만 해도 피프스와 같은 계급에 속한 사람들 대부분은 커피를 즐겨 마셨다. 물론 1660년대에도 여전히 커피는 새로운 음료였으며, 영국인들은 커피를 대개 외국에서 마시는 기묘한 음료라고만 알고 있었다. 1610년에 조지 샌디스라는 여행가는 커피를 "색깔은 검댕처럼 시커멓고, 맛도 거기서 크게 다르지 않은" 음료로 묘사한다. 피프스는 커피도 아닌 난생 처음 마셔보는 그 한 잔의 차가 1세기도 지나지 않아 영국인들의 식탁을 장악하는 음료가 되리라곤 상상도 못했을 것이다.

빌 브라이슨의 표현대로라면 "노동자들은 꿀꺽꿀꺽, 귀부인들은 우아하게 홀짝홀짝" 차를 마셨다. 상황이 허락된다면 영국인들은 아침, 점심, 저녁 그리고 간식 때마다 차를 마셨다. 영국에서 차는 역사상 최초로 계층을 막론하고 너도나도 마신 음료였다. 게다가 '차 마시는 시간'을 따로 두고 모든 국민이 홀짝거린 음료이기도 했다.

차나무 한 그루 자라지 않는 영국이 어떻게 '홍차의 나라'가 되었을까? 영국의 동인도회사는 처음에 후추와 향신료를 취급했지만, 운명은 빠르게 홍차 쪽으로 기울었다. 1699년부터 1721년 사이에 차 수입량은 1만 3천 파운드에서 120만 파운드로 거의 백 배나 늘었다. 1750년까지 30년 사이에 그 양이 또다시 네 배 증가했고, 1800년에 이르러서는 매년 230만 파운드에 달했다.

이렇게 차 소비가 기하급수적으로 늘자 무역불균형이 초래되었다. 결국 영국은 자국의 차 소비를 감당하기 위해 인도에서 재배된

리처드 콜린스, 「차를 마시는 가족」(A Family Taking Tea), 1727.

아편을 중국에 공급하다가 아편전쟁을 일으킨다. 그러나 계속 전쟁과 약탈을 일삼을 순 없는 노릇이었다. 최후의 대안은 하나뿐이었다. 직접 차를 재배하는 것이다.

당시 유럽 사람들은 차나무가 중국 이외의 땅에서는 절대로 자라지 못하는 것으로 믿고 있었다. 중국이 차 수출이라는 엄청난 산업을 다른 나라에 뺏기지 않기 위해 차의 종자와 묘목 수출을 엄격하게 통제했기 때문이다. 차를 재배하는 기술과 만드는 기술에 대해서도 비밀을 고수했다.

1823년, 영국의 탐험가이자 식물학자인 로버트 브루스 소령이 인도의 아삼 지방에서 야생 차나무를 발견했을 때만 해도 영국 정부와 동인도회사는 관심을 보이지 않았다. 그러다가 중국에서 독점으로 차를 수입하는 기간이 끝나자 영국은 다른 나라와 수입 경쟁을 해야 하는 상황에 놓이게 된다. 그때부터 영국 정부는 차 재배지로 인도를 염두에 두기 시작했다.

'차 스파이'와 '홍차의 아버지'

1843년 브루스 소령은 정부에서 차나무를 재배하라는 명을 받고 인도 아삼 지방의 밀림으로 들어가 4년간 연구한다. 그 결과, 최초로 아삼 지방의 차가 영국에 소개되었다. 이 신품종의 찻잎은 크기가 중국종의 세 배가량 되었으며, 홍차로 가공했을 때 중국차에서 볼 수 없었던 우수한 맛을 가지고 있었다.

홍차 스파이 | 욕망

그러자 아삼종의 경쟁력을 눈여겨본 영국의 기업가들이 대거 차 재배에 참여한다. 민간회사인 '아삼 컴퍼니'가 설립되고, 가공 공정을 기계화해 중국차에 비해 더 싼값에 홍차를 공급했다. 홍차를 직접 생산할 수 있게 된 영국은 이후 방글라데시와 스리랑카로 점차 재배지를 확장한다.

한편, 차에 대한 열망이 어찌나 강했던지 영국은 스파이까지 동원해 중국에서 차 재배 비법을 빼오기에 이른다. 차 스파이가 된 사람은 스코틀랜드 태생의 식물학자 로버트 포춘1812~80이었다. 당시 서른네 살의 포춘은 첼시 피직 가든의 큐레이터였다. 그는 1842년부터 1845년까지 희귀식물을 찾기 위해 중국에 있었기 때문에 중국 사정에 밝은데다 식물학자로서 차나무에 대해서도 잘 알고 있었다.

1848년 중국에 몰래 들어간 포춘은 중국 상인과 몽고 고관으로 변장한 뒤 상해 쪽의 차 공장을 돌아다니며 자신을 도와줄 두 명의 중국인을 찾는다. 그러고는 상해 부근의 유명한 차 생산지인 황산 등지에서 차나무가 자라는 토양이나 재배방법, 수확방법, 수확한 뒤의 가공방법 등을 알아내 노트에 차곡차곡 정리했다.

포춘은 산지와 공장을 방문할 때마다 샘플을 가져올 정도로 철두철미했다. 산지별 홍차 제조방법, 찻물을 만드는 방법, 마시는 방법 등이 가득 들어 있는 책들을 몽땅 베끼고 또 훔쳤다. 그 양이 80여 권에 이르렀다. 수천 년 동안 중국이 지켜온 차의 비밀을 고스란히 도둑질했지만, 정작 그는 양심의 가책을 느끼지 않았다. 오히려 빅토리아 시대의 오만한 영국을 등에 업고 자신의 도둑질을 정당화했다. 신이 부여한 영국의 정당한 권리라고 생각한 것이다.

포춘은 물이 차 맛에 미치는 영향에 대해서도 유럽인으로서는 처음 알아냈다. 영국의 물은 경수硬水다. 경수는 미네랄이 풍부해 홍차를 진하게 잘 우려낼 수 있다. 영국이 녹차가 아닌 '홍차의 나라'가 된 것도 물의 영향이 컸다. 그는 녹차 다음으로 홍차에 관한 정보도 수집했다. 인도 캘커타로 돌아온 그는 위원회에 각종 차 샘플과 제조방법, 차 마시는 방법 등에 대한 보고서를 제출한다.

영국은 포춘이 가져온 정보 덕분에 차 산업에 결정적인 전기를 맞는다. 1839년에 이미 아삼에서 홍차를 들여오고 있었지만 아직까지 중국차의 질을 따라갈 수가 없는 상황이었다. 포춘의 정보는 영국이 질 좋은 차, 다양한 종류의 차를 만드는 데 절대적인 도움을 주었다.

그는 차 생산에 관한 비밀만 알아낸 것이 아니라 서양 식물학계에 알려지지 않은 나무와 식물을 들여오기도 했다. 그중에 특히 나무를 타고 올라가며 자라는 더블 옐로 장미 종은 유명하다. 식물학자로서 가치를 둘 만한 식물인 비로야자수, 금귤나무, 진달래, 국화, 작약, 사이프러스 냐무 등도 포춘이 소개한 것이다.

포춘의 지휘 아래 1851년부터 인도에서 차 재배가 시작되었다. 그 결과 2만 그루의 묘목과 삽목이 결실을 맺었다. 이후 반세기가 지나자 인도의 차 생산량은 매년 1억 4천 파운드로 껑충 뛰었다. 그가 가져온 기문종 차의 종자와 묘목은 북인도의 다즐링 지역에서 재배되는 데 성공했다. 이렇게 다즐링 홍차가 탄생한다.

또 다른 스코틀랜드 출신의 영국인 제임스 테일러1835~92는 '인도의 눈물'이라 불리는 스리랑카에서 대량으로 차를 재배한 인물이다. 19세기 중반까지 실론스리랑카의 영국 독립 이전의 이름섬의 최대 산업은 단연 커피 생산이었다. 하지만 1869년 스리랑카에 잎마름병이 돌아 커피 밭이 전멸했다. 국민들은 공황 상태에 빠졌고, 정부는 대체작물이 필요했다.

황폐해진 땅에 영국인들은 아삼 지역의 차 씨앗을 가져와 차 재배를 시도한다. 일종의 도박에 가까웠다. 스리랑카 룰레콘데라 농장에서 제임스가 재배한 홍차가 런던 경매장에서 비싼 값에 팔려 나가자 커피 농장주들과 영국 기업들이 관심을 갖기 시작한다. 19에이커76,893m² 정도의 면적에서 시작된 차 재배는 1870년대 중반에 이르러서는 약 100에이커까지 확장되었고 다른 지역으로도 확산되었다. 제임스가 처음 개척한 이 19에이커는 'No.7 밭'으로 알려졌으며, 그는 스리랑카에서 '홍차의 아버지'로 불린다.

오늘날 홍차 하면 많은 이들이 '실론티'를 연상할 정도로 스리랑카는 차 생산국으로서 인도와 중국의 강력한 라이벌로 급부상했다. 1972년 실론에서 스리랑카로 국호를 개칭했으나, 실론티는 홍차의 고유명사가 될 만큼 세계에서 사랑받고 있다.

홍차 스파이

식민지의 홍차 문화

대단하다고 해야 할까, 무섭다고 해야 할까. 차나무 한 그루 자라지 않는 섬나라 영국은 정부와 국민의 동조 그리고 몇몇 개인의 끈질긴 노력의 결과 '홍차의 나라'가 되었다. 뿐만 아니라 영국의 식민지였던 대부분의 나라는 영국의 홍차 문화를 그대로 또는 각자의 방식으로 변형해 받아들였다.

140여 년에 걸쳐 영국의 지배를 받았던 싱가포르는 아침과 점심 사이에 티브레이크, 점심과 저녁 사이에는 애프터눈티와 하이티를 즐긴다. 특히 하이티는 '싱가포르식 하이티'로 재탄생되었다. 저녁식사 전 오후 무렵에 차와 영국의 전통적인 티푸드 외에 딤섬, 피자, 카레 등 동서양의 음식을 함께 먹는다. 여러 음식과 디저트, 다양한 차를 자유롭게 즐기는 뷔페식이다. 싱가포르의 하이티는 주식으로도 손색이 없다.

스리랑카에서는 진한 단맛이 나는 홍차, 생강홍차, 생강차, 라임티, 카르다몸티 등은 물론, 커피와 콜라를 즐겨 마신다. 젊은 층에서는 커피를 많이 마시지만 스리랑카인 대다수가 즐기는 국민 음료는 여전히 홍차다. 스리랑카에서는 하루 두 번, 아침과 점심 사이 그리고 점심과 저녁 사이에 티브레이크를 갖는다. 일의 능률을 높이기 위해 직장에서도 티타임을 갖는데, 차 심부름을 하는 티 보이도 있다.

식수 사정이 별로 좋지 않은 환경에서 사는 스리랑카인들에게 차는 안전한 수분 공급원이다. 유명한 차 생산지인 캔디에서는 이른 아침에 일어나 차를 마시며 하루를 시작한다. 스리랑카 인구의 약 70퍼센트를 차지하는 인도 북부에서 이주해온 싱할리족은 주로 빵과 함께 홍차를 곁들여 아침식사를 한다.

인도는 두말할 필요 없는 세계 1위의 홍차 생산국으로 국민들의 차 소비 또한 엄청나다. 하지만 질 좋은 대부분의 홍차는 처음부터 영국 수출용으로 생산되어 인도에서는 거의 유통되지 않았다. 그래서 고급 홍차를 만들고 남은 가루 상태의 찻잎으로 그들만의 차, 짜이를 만들었다.

마살라 짜이의 경우, 질이 좋지 않은 홍차를 보완하기 위해 향신료인 카다몬, 생강, 계피, 후추, 팔각, 정향, 박하잎 등을 넣고 강한 불에 푹 끓인다. 불 조절과 함께 마지막 단계에서 설탕과 우유를 넣고 끓이기도 하고, 우유는 따로 끓여 섞기도 한다. 가장 중요한 것이 이 마지막 단계다. 액체인 우유와 짜이가 완전히 하나가 되도록 해야 한다.

그래서 노점의 짜이 판매상인 '짜이 왈라'는 양손에 컵을 들고 양팔을 각각 아래와 위로 길게 편 채 이쪽에서 저쪽으로, 다시 저쪽에서 이쪽으로 계속해 뜨거운 짜이를 옮긴다. 홍차와 우유가 공기 중에서 만나 컵에 강하게 내려앉기를 반복한다. 마지막에 담긴 짜이 잔에는 홍차와 우유가 부딪히면서 만들어낸 크고 작은 기포가 가득 올라와 있다. 독특한 향의 달달한 짜이 한 잔은 그 자체로 훌륭한 음식이다. 영국식 홍차와 다르게 인도식 짜이는 부수적으로 곁들이는 티푸드가 필요 없다.

다양한 식민지에 뿌리내린 홍차 문화만 봐도 역사적으로 영국이 얼마나 홍차의 나라가 되기 위해 피와 땀을 쏟았는지 짐작할 수 있다. 홍차는 넉넉하게 설탕을 첨가해도 끝까지 그 떫은맛을 감추지 못한다. 홍차 스스로 자신을 둘러싼 파란만장한 역사를 기억하는지도 모르겠다.

지식인의 홍차 편력

한 손에는 펜, 다른 손에는 찻잔을 들다

"책을 좋아하는 사람은 동과 서를 가리지 않고 차를 좋아한
다." 영국 속담이다. 차는 지식인들의 오랜 기호품이었다. 어디 차
뿐일까. 장시간 앉아서 작업을 하거나 머리를 많이 쓰는 직업을 가
진 사람이라면 각성 효과가 있는 카페인 음료와 오랜 친구가 된다.

못 말리는 차 중독자

차와 마찬가지로 커피 또한 수많은 애호가가 있다. 베토벤의 아
침식사는 '커피 한 잔'이었다. 그는 작곡을 하는 것처럼 커피를 끓
일 때도 심혈을 기울였으며, 귀가 멀어버린 후 세상에서 고립되면
서 더욱 커피에 의존했다. 바흐의 「커피 칸타타」는 커피에 푹 빠진
딸과 이를 못마땅하게 여기는 아버지의 갈등을 담고 있다. 계몽주

의 철학자 루소 역시 커피를 좋아했다. 그는 자신의 후견인이자 연인이었던 바랑 부인과 커피로 아침식사를 했으며 "이때가 하루 중 우리가 가장 평온하게 잡담을 나누는 시간이었다"며 젊은 시절을 회상했다.

대문호 발자크는 신들린 듯 글을 썼는데, 그의 에너지원은 사업 실패로 인한 엄청난 빚과 검은 커피였다. 그가 하루에 60잔 이상의 커피를 마시며 글 노동을 한 일화는 유명하다. 발자크는 『커피의 기쁨과 괴로움』*The Pleasures and Pains of Coffee*에서 도저히 거부할 수 없는 커피의 마력을 이렇게 드러내고 있다.

커피라는 것이 위에 들어가자마자 야단법석이 일어난다. 싸움터에 나선 대군의 각 부대처럼 생각들이 움직이며 전투가 벌어진다. 기억이 되살아나 질풍처럼 몰아친다. '비교'라는 경기병은 훌륭한 대형으로 전진하고, '논리'라는 포병은 서둘러 포와 포탄을 준비하며, '비평'은 저격수처럼 사격을 시작한다. '비유'가 쏟아져 종이는 잉크로 뒤덮인다.

향기와 색상 그리고 각성 효과까지, 차는 늘 커피와 비교되곤 한다. 차 회사의 사장으로서 당연한 칭송이겠지만, 더 리퍼블릭 오브 티의 사장을 지낸 스튜어트 골드는 차와 커피의 차이에 대해 이렇게 말했다.

우리는 커피가 우리를 서두르게 만들고 주위를 돌아볼 여유를 빼앗아간다는 사실을 알았습니다. 반면, 차는 우리를 느긋하게 만들고 주위를 돌아볼 여유를 제공합니다. 차는 음료가 아니라 삶이 주는 아름다움과 경이로움을 경험하고 즐기게 만드는, 즉 의식적으로 우리를 변화시키는 물질인 것입니다.

커피 애호가들은 반론을 펼 수도 있겠다. 그러나 우리가 발자크가 아닌 다음에야 연거푸 여러 잔을 마시기에 커피는 부담스럽다. 커피 문화가 발달한 프랑스를 여행하다보면 카페에 서서 에스프레소를 단숨에 마시고는 바로 문을 나서는 사람들이 많다. 반면에 영국에서는 서서 차를 마시는 경우는 거의 없다. 차는 애초부터 여러 잔을 마실 수 있도록 물을 함께 준비하는 것이 보통이다. 때문에 커피보다 차를 마실 때 좀더 여유롭고 마실 수 있는 양도 차가 더 넉넉하다.

영국 문인 가운데 자타가 공인하는 홍차 마니아로는 새뮤얼 존슨1709~84이다. "나의 티포트는 식을 사이가 없다. 저녁에는 홍차를 즐기고, 밤중에는 홍차로 위안을 받고, 아침을 홍차로 맞이한다"고 했던 그는 가난한 가운데도 값비싼 차를 끊을 수 없었다. 앉은 자리에서 스무 잔 이상을 마실 정도였다.

에드워드 브라마의 저서 『브라마의 런던 홍차와 커피 산책』*The Bramah Tea & Coffee Walk around London*에 따르면 존슨은 찻잎과 물을 준

조슈아 레이놀즈, 「새뮤얼 존슨」(Samuel Johnson), 1775.

비하는 시간도 못 견딜 정도로 차에 중독되었다. 차가 준비되면 서둘러 들이키곤 했으며, 20여 년간 차로 한 끼 식사를 대신한 경우가 자주 있었다. 『새뮤얼 존슨전』의 저자 제임스 보즈웰도 그만큼 향기로운 차를 큰 기쁨으로 즐긴 사람을 보지 못했다고 했다.

통계적으로 작가들은 산책을 하거나 음악을 들으면서 아이디어나 영감을 얻는 경우가 많았는데, 존슨은 장시간 차를 마시며 생각하고 대화하고 글을 썼다. 발자크가 커피를 마시며 90여 편에 달하는 『인간희극』을 집필했듯, 존슨은 차를 줄기차게 마시며 최초의 『영어사전』을 7년 만에 완성했다.

그의 죽음이 지나치게 차를 마신 데서 비롯되었는지는 밝혀지지 않았지만 그는 차뿐만 아니라 커피에도 빠져 있었다. 또 당시 잡지에 실린 삽화를 보면 선술집과 찹 하우스A Chop House, 고기 전문 음식점에도 자주 드나들곤 했다. 마실 것과 얘기할 대상이 있는 곳에는 언제나 그가 있었다. 그는 노동자의 아침식사로 홍차와 커피, 마멀레이드를 바른 스콘과 배넉Bannock, 오트밀이나 보릿가루를 개어 구운 케이크을 권하기도 했다. 그가 평생 곁에 두고 아꼈던 티포트와 컵은 지금도 모교인 옥스퍼드 대학교에 소장되어 있다.

조지 오웰의 맛있는 제안

약간 의외의 인물로 홍차에 식견이 있던 이가 정치우화 『동물농장』과 미래소설 『1984년』 등의 저자인 조지 오웰1903~50이다. 그는 많은 글에서 영국의 국민성에 대해 얘기했는데, 워낙 생활의 큰 부분을 차지하고 있어 오히려 눈에 띄지 않는 영국인의 특징으로 '사생활에 대한 중독'을 들었다.

우리는 꽃을 사랑하는 민족인 동시에 우표 수집가와 비둘기 애호가의, 아마추어 목수와 쿠폰 수집광의, 다트 애호가와 낱말 퍼즐광의 민족이기도 하다. 정말 고유한 문화는 전부, 많은 사람들이 공유하고 있지만 공식적이지는 않은 것들이 중심이 된다. 이를테면 선술집이나 축구 경기, 뒤뜰, 난롯가, 그리고 '근사한 차 한 잔'이 그렇다.

조지 오웰은 1946년 1월 12일자 『이브닝 스탠더드』*Evening Standard*에 「한 잔의 맛있는 홍차」라는 제목의 에세이를 기고한다. 제2차 세계대전 이후 피폐해진 생활상을 풍자한 글에 홍차를 즐기지 못하는 괴로움을 영국인 특유의 유머로 녹여냈다. 그리고 자신만의 처방으로 '좋은 차를 마시는 열한 가지 방법'을 소개한다.

1. 좋은 차 한 잔이라는 말은 바로 인도차와 실론차다. 중국차는 우유를 타지 않고 마셔도 된다는 경제적 장점이 있기는 하지만 그다지 매력적이지 않다.
2. 차는 한 번에 적은 양을 우려야 하며, 이를 위해서 반드시 도

클로드 모네, 「티 세트」(The Tea Set), 1872.

기나 자기로 된 다관茶罐, Teapot으로 차를 우려야 한다.

3. 다관은 미리 벽난로 위에 두어 예열을 해놓아야 한다.

4. 차는 진해야 맛이 좋다. 다관 가득 물을 부으면 약 1.4리터가
되는데, 여기에 여섯 스푼의 차를 넣으면 적당하다.

5. 다관 속에서 찻잎이 충분히 퍼져야 잘 우러나 차가 맛있다.

6. 탕관湯罐, Kettle의 물이 불 위에서 끓고 있는 순간 바로 다관
에 부어야 맛있는 차를 우려낼 수 있다.

7. 차를 다 우린 후에는 저어주거나 잘 흔들어서 찻잎이 충분히
풀어지도록 해야 한다.

8. 차는 낮고 평평한 잔보다는 긴 원통형 잔으로 마셔야 식지
않고 마실 수 있다.

9. 크림이 너무 많은 우유는 끈적끈적하니 크림을 제거한 우유
를 차에 넣어야 한다.

10. 찻잔에는 차를 우유보다 먼저 따라야 한다. 차를 먼저 따르고
잘 저으면서 우유를 따라야 정확한 양을 가늠할 수 있기 때문
이다.

11. 진정한 차 애호가라면 러시아 스타일로 차를 마시지 않는 이
상 설탕을 넣지 않고 마셔야 한다. 그래야 차 본연의 맛, 쓴
맛을 음미하며 마실 수 있다.

이 열한 가지 팁으로는 조지 오웰이 어느 정도 홍차에 대해 전문

적인 지식을 가졌는지 알 수 없다. 몇 가지 조언은 정석이라고 하기엔 개인의 취향에 가깝기 때문이다. 2003년 6월, 영국 왕립화학 협회에서는 조지 오웰 탄생 100주년을 기념하기 위해 '완벽한 홍차를 만드는 방법'을 발표하기도 했다. 오웰은 차에 설탕을 넣지 않는 게 좋다고 했지만 협회는 설탕은 기호에 따라 넣을 수 있다고 했다. 홍차를 맛있게 마시는 방법은 차마다 사람마다 다르며, 자신에게 맞는 차 맛을 찾아가는 것도 커다란 즐거움 가운데 하나다.

조지 오웰에게 홍차는 사치였을까, 아니면 막노동에 지친 근대 영국 노동자들처럼 그에게도 에너지원이었을까. 오웰은 책상 앞에서 펜대만 굴리는 지식인들과는 거리가 멀었다. 그는 1928년부터 1932년까지 5년간 파리와 런던에서 접시 닦기를 하거나 부랑자로 살았으며, 1936년에는 잉글랜드 북부 랭커셔와 요크셔 지방의 탄광촌에서 생활했다. 이때의 경험을 쓴 자전적 글이『파리와 런던의 밑바닥 생활』과『위건 부두로 가는 길』이다.

특히 조지 오웰의 사상을 이해하는 관문이라고 할 수 있는『위건 부두로 가는 길』에는 영국 노동자들에 대한 우려와 자기반성이 교차하고 있다. 이 르포르타주는 '레프트 북클럽'이라는 진보단체에서 잉글랜드 북부 탄광 지역의 실업 문제를 취재해달라는 부탁을 받고 쓴 것이었다. 그는 두 달에 걸쳐 랭커셔와 요크셔 지방 일대 광부의 집과 노동자들이 묵는 하숙집에 머물면서 취재를 했다.

책에서 그는 자신의 가족을 '상류 중산층 가운데 하급계층'Lower

Upper Middle Class 으로 표현한다. 철저하게 하류층, 노동자들의 삶에 젖어들려고 노력했지만 자신의 모든 관념은 어쩔 수 없이 '중산 층'이라고 고백한다.

> 책과 옷과 음식에 대한 나의 취향, 명예에 대한 나의 감각, 나의 염치, 나의 식사예절, 나의 어투, 나의 억양, 심지어 나의 독특한 몸동작도 전부 특정한 훈육의 산물이며, 사회 위계의 윗부분에 있는 특정한 지위의 산물이다.

때문에 노동자의 등을 두드리며 그에게 자신과 다를 바 없다고 말하는 건 오류라고 말한다. 그리고 자신의 상류층적이고 중산층 적인 태도, 그 속물근성과 취향, 편견을 완전히 버릴 것을 반복해 서 다짐한다.

최하류층 노동자의 삶 속으로 직접 들어갔던 조지 오웰에게 홍 차는 호사스런 취향의 음료였는지도 모른다. 내일의 삶이 보장되 지 않는 실업자나 노동자라도 하루에 한 번쯤은 진하게 우려낸 홍 차에 우유와 설탕을 넣고 벌컥벌컥 마실 수 있는 시대였지만 이들 에 대한 염려 때문이었을까, 그는 이를 곱게 보지는 못했다. 하지 만 그도 어쩔 수 없이, 실업수당과 연금으로 겨우 살아가는 하류층 사람들이 설탕과 홍차를 사는 데 많은 돈을 쓰는 것을 비난하기보 다는 그 현실적 당위성에 대해 이렇게 얘기했다.

참 얄궂은 것은, 돈이 없는 사람일수록 건강식에는 돈을 쓰고 싶은 마음이 없어진다는 점이다. 백만장자라면 아침식사로 오렌지 주스와 호밀 비스킷을 즐길 수 있을 테지만, 실업자는 그렇지 않다. ……말하자면 실업자가 되어 못 먹고, 시달리고 따분하고 비참한 신세가 되면 몸에 좋은 음식은 심심해서 먹기가 싫은 것이다. ……실업으로 인한 끝없는 비참함은 계속해서 고통 완화제를 필요로 하며, 그런 차원에서 차야말로 영국인의 아편이다.

그렇다. '피시 앤 칩스'가 그렇게 영국에 정착하지 않았던가. 설사 썩어가는 불량 생선과 사람들에게 환영받지 못했던 감자라 할지라도 기름에 튀겨내면 밋밋한 건강식보다 노동자의 고된 하루를 잊게 해주는 '좋은 불량식품'이 된다.

기계 냄새가 진동하던 산업혁명의 시대, 시커먼 석탄 덩이를 캐기 위해 매일 땅굴 속으로 들어가야만 했던 노동자들에게는 이런 음식이 절실했다. 비록 가계 지출에서 큰 부분을 차지했지만, 홍차는 조지 오웰의 말처럼 가장 저렴하게 섭취할 수 있는 고단한 삶의 위안제였다.

위층과 아래층

차 한 잔에도 계층별 취향이 따로 있다

계급에 대한 영국 사회의 집착은 지금도 여전하다. 2010년 대선 당시, 데이비드 카메론 총리 후보자가 '상상중층인지, 하상중층인지'를 두고 진지한 논의가 오갔다. 국민의 대다수는 여전히 계급에 날선 촉을 세우고 있다. 영국 초등학교 교과서에도 실린 것처럼 통상적으로 빅토리아 시대부터 계급은 상류층Upper Class, 중류층Middle Class, 하류층Working Class으로 구분되었다. 그러나 다수의 국민이 인정하듯 실제로는 더 잘게, 더 복잡하게 쪼개진다.

상류층 말 따로, 하류층 말 따로

과거 영국에서는 다른 계층, 다른 성별의 사람과 대화를 나누는 일이 거의 불가능했다. 멀리 갈 것도 없이, 좁은 시골 출신의 작가 제인 오스틴은 빠르게 변모하는 도시 생활이나 남자의 일상을 그릴 수 없었다. 마찬가지로 빚쟁이 아버지를 둔 덕분에 구두닦이를 하며 고아나 다름없는 유년 시절을 보낸 찰스 디킨스 역시 소설 속에서라도 상류층의 삶을 묘사할 수 없었다.

계층별 삶이 엄연히 따로 존재했던 영국 사회에서 다른 계층의 문화를 접하는 것은 있을 수 없는 일이었다. 신문도 잡지도 흔치 않았고, 교통도 불편했던 시절에 다른 계층의 삶을 가까이에서 들여다보기란 쉽지 않았다. 특히나 상류층 내부가 그랬다. 아무리 자료수집 능력과 상상력이 뛰어난 작가라고 할지라도 절대 제대로 언급할 수 없는 것이 상류층의 삶과 문화라는 점을 영국 소설가 헨리 필딩1707~54은 이렇게 밝히고 있다.

　　많은 영국 작가들이 상류사회의 생활양식을 그리는 데 완전히 실패하고 있는 이유는, 그들이 실제로는 그것에 대해 아는 게 하나도 없기 때문이 아닌가 한다. ……그런데 공교롭게도 이 상류계층에 속하는 족속들은, 같은 종족인 나머지 인간들과는 달리 거리나 상점, 혹은 커피숍 같은 곳에서 공짜로 볼 수 있는 그런 인종이 아니다. 이들은 동물원의 값비싼 고급 동물들과도 달라서 1인당 얼마짜리의 구경거리로도 볼 수 없는 작자들이다.

확고한 계급사회를 유지해왔던 영국에서는 말 몇 마디만 들어봐도 그 사람의 출신과 직업, 경제력까지도 금방 알 수 있다고 한다. 단어, 발음, 악센트 등을 입 밖으로 쏟아낼 때마다 그 사람의 출신에 대한 GPS위치추적시스템가 작동한다고나 할까. 모두가 자국어인 영어로 말하지만 상류층과 일반 서민층의 언어는 다르다. 물론 언어에 더 신경을 쓰는 쪽은 언제나 상류층이다.

영국적인 콘텐츠로 세계적인 호평을 받은 클레이 애니메이션 「월래스와 그로밋」Wallace & Gromit을 한번 보자. 귀여운 캐릭터들이 등장하지만 이 영화가 아이들을 위한 것이라고 하기엔 무리가 있다. 기껏해야 주인 월래스가 자신이 만든 부실한 발명품 때문에 허둥지둥하는 모습을 보며 깔깔대는 정도일 것이다. 이 영화 뒤에는 영국의 귀족사회와 계급사회에 대한 조롱이 숨어 있다. 영화에서 문제의 해결사는 늘 애견 그로밋이다. 주인보다 더 똑똑한 애견 그로밋은 서민들이 갖고 있는 귀족계급에 대한 반감에서 만들어졌다고 볼 수도 있다.

이 시리즈 가운데 「거대 토끼의 저주」는 월래스와 그로밋이 마을의 채소밭을 엉망으로 만들어놓는 거대 토끼와 맞서 싸우는 이야기다. 이 영화는 다분히 영국적인 콘텐츠임에도 헐리우드 애니메이션 영화제인 애니상에서 아홉 개 부문을 휩쓸었다. 영화는 등장인물들이 쓰는 영어에서 그 신분을 보여준다. 서민인 주인공 월래스는 잉글랜드 북부의 억양을 가진 반면, 귀족인 레이디 토팅톤과 빅터 경은 귀족 억양Posh accent을 구사한다.

대중적인 인물로 이 귀족 억양이 유난한 사람이 빅토리아 베컴이다. 세계적인 축구선수인 남편만큼이나 유명한 그녀는 영국 사회에서 '포시'Posh, 상류층의로 통한다. 신문의 가십난에 자주 등장하는 그녀는 이름 대신 늘 'POSH'로 표기된다. 그녀는 귀족 집안 출신으로 그룹 스파이스 걸스로 활동할 때부터 '포시 스테파니'로 불렸다.

그녀의 영어 발음과 억양, 목소리, 제스처는 때때로 화성인의 언어처럼 느껴진다. 재밌게도 남편 베컴은 코크니Cockney, 런던 토박이들의 사투리, 원래는 런던 동부 노동자들의 방언이었다에 앵앵거리는 목소리로 영어를 구사한다. 요리사 제이미 올리버도 둘째가라면 서러울 정도로 이 사투리가 심하다.

지독한 코크니 발음을 뜯어고치기 위해 고군분투하는 영화도 있다. 「마이 페어 레이디」에서 언어학자 히긴스 교수에게 영어를 괴물처럼 지껄여대는 일라이자는 실험실 원숭이처럼 보였을 것이다. 교수는 청과물 시장인 코벤트 가든에서 교양 없는 말투로 꽃을 팔고 있는 일라이자를 보고는 친구와 내기를 한다. 평소 교수는 "말만 들어봐도 그가 어느 지역, 어느 계층 출신인지 알아맞힐 수 있다"고 확신에 차 있었는데, 친구에게 이 여자를 데려다 우아한 귀부인으로 만들 수 있다고 장담한다.

히긴스 교수는 일라이자에게 상류층의 식사예절과 걸음걸이, 제대로 된 말을 혹독하게 훈련시킨다. 마침내 일라이자는 상류층에 어울리는 완벽한 숙녀로 변모한다. 현실성은 없지만 교수와 일라이자는 사랑에 빠지고 영화는 해피엔딩을 맞는다.

위층과 아래층, 주인과 하인의 영역표시

과거 영국의 신분제 안에서라면 상류층인 교수와 하류층인 일라이자는 도저히 만날 수 없는 사람들이었다. 산업혁명 이전의 영국 사회는 철저히 지배층과 피지배층으로 구분된 신분사회였다. 영국에서 귀족을 포함한 상류층은 고귀한 가문 출신으로서 그야말로 선택받은 사람만을 일컫는다. 이들은 먹고 살기 위해 일하지 않는 것에 큰 자부심을 가진 부류다. 학자와 군인, 정치가 정도를 제외한 나머지 직업은 밥벌이 활동으로 보고 귀족과는 거리가 먼 일로 치부해왔다.

밥벌이를 위해 살지 않는 상류층과 밥벌이만을 위해 살아가야 하는 하류층의 삶은 근본적으로 다를 수밖에 없었다. 이들은 같은 식탁에서 절대 만날 수 없는 사람들이다. 계급사회인 영국에서 동석해 식사를 하는 것은 서로 친구이며, 또 당연히 같은 계층의 사람들 사이에서만 가능했다.

영국 드라마가 특히 재미있는 것은 영국 사회의 다양한 계층의 면면을 엿볼 수 있기 때문이다.「셜록」등 몇몇 드라마가 주목을 받는 가운데 최근에는「다운튼 애비」Downton Abbey, 요크셔에 있는 가상의 대저택가 사랑을 받았다. 영국인들은 물론 미국인들까지 빠져든 이 드라마는 1910년대를 배경으로 한다. 주목할 것은 백작의 가족 못지않게 저택에서 함께 생활하는 하인들의 생활상도 비중 있게 다뤄진다는 점이다.

1850년대의 영국 통계를 보면 하인의 수가 엄청났던 것을 알 수 있다. 커다란 시골의 저택에서는 실내 고용인만 40명 정도를 두었다. 정원사, 마부, 사냥터지기와 그 보조 등 실외 고용인까지 포함하면 그 수는 크게 늘었다. 하인이라는 직업은 흔했고, 그 노동력은 값쌌다. 집주인은 생활용품을 구비하듯 필요한 만큼의 하인을 거느렸다. 집안이 쫄딱 망해도 하인 두세 명은 데리고 있었다. 심지어 이 시대는 하인도 하인을 고용했다.

'우아함의 시대'라 일컫는 에드워드 시대1901~10에 하인은 가장 흔한 직업이었다. '위층, 아래층'이라는 말은 위층에는 집주인과 그 가족이, 아래층에는 하인들이 거주했기 때문에 생겨난 것이다. 드라마 「다운튼 애비」에서는 층별로 분리된 이들의 생활을 생생히 보여준다.

시대가 달라졌다고는 하나 세탁부에서 집사에 이르는 하인의 일은 고됐고 홀대받는 것이었다. 때문에 이 직업에는 늘 갈등이 따랐다. 문제를 일으키는 하인들도 허다했다. 「다운튼 애비」에도 배려가 넘치는 주인 가족을 모시는 데도 불구하고 이 일을 몸서리치게 싫어하는 하인들이 등장한다. 여자 하인은 당시 하층계급 여성

헨리 월턴, 「신사의 아침식사」(A Gentleman at Breakfast), 1775.

들이 선망했던 직업인 타이피스트가, 남자 하인은 백작의 직속 수행인이 되고 싶어한다. 설사 마님께서 '우리는 친구'라며 다정하게 굴어도 몸종의 일은 밤낮으로 마님의 몸치장을 돕는 것이지 함께 식사를 하는 것이 아니다. 주인이 하인에게 배려와 온정을 베푸는 것은 일종의 가진 자, 귀족의 도리라고 할 수 있다.

드라마에서 가장 흥미로운 장소는 하인들이 가장 많이 들락날락하는 부엌과 그 옆에 자리한 하인들이 휴식을 취하는 방이다. 이곳은 주인 가족과 그들의 손님을 접대할 때는 전쟁터처럼 소란스럽고 긴장감이 넘친다. 또 하인들의 규율을 단속하는 엄격한 공간이다. 반면, 하인들이 짬짬이 퉁퉁 부어오른 다리를 펴고 쉴 수 있고, 주인 가족에 대해 이러쿵저러쿵 입방아를 찧을 수 있는 편안한 곳이기도 하다.

이 드라마에는 분주한 식사 접대가 끝나고 하인들이 모여 앉아 차를 마시는 모습이 자주 등장한다. 이때는 가장 고단한 일을 했던 하인들도 차를 마시는 게 일상적이었다. 그렇지만 이들이 사용하는 차 도구는 주인의 것과는 완전히 대조적이다. 장식이라곤 전혀 없는 투박한 흰색 도자기다.

맛도 마시는 방법도 제각각

영국의 문화전통인 엘리트주의에 따라 차 문화도 상류층에서 하류층으로 전해졌다. 상류층에서 시작되었지만 중류층에서 열

찰스 헌트, 「하류층의 상류 생활」(High Life Below Stairs), 1897.

렬한 차 마시기 열풍이 불지 않았더라면 오늘날 영국의 차 문화는 형성되지 않았을 것이다. 산업화 과정에서 부를 획득한 중간 계층은 젠트리Gentry, 하위 귀족층를 동경했고 상류층의 습관을 모방했다.

상류층에서 차에 설탕을 넣어 마시자 구매력이 생긴 중류층에서 이를 따라했다. 이어 노동계층 역시 중간계층을 모방한다. 차를 마실 때만은 가난한 농부도 부유한 상인이 될 수 있었고, 하인도 주인의 여유를 만끽할 수 있었다. 영국의 홍차 문화는 생산과 소비, 노동과 여가, 남성과 여성, 사치품과 필수품이라는 극단의 요소 모두를 포함하는 특이한 경우다.

그러나 어쩔 수 없이, 차 마시기에도 계층에 따른 취향이 존재한다. 보통 중류층은 연하고 향이 좋은 잉글리시 브렉퍼스트, 상류층은 이보다 더 연한 얼그레이를 설탕과 우유 없이 마신다. 품질 면에서 최고급 차인 랍상소우총정산소종은 하류층과는 거리가 멀었다. 이 차는 중국산 고급 차로 훈연향이 강한 것이 특징이다. 랍상소우총이 1870년대 한때나마 유럽 시장을 석권한 적이 있다. 값이 비쌌기 때문에 상류층과 또 이들의 허세를 따라 하는 중류층에서 앞다투어 마셨다. 중국에서 그렇듯 우유와 설탕 없이 마시는 것이 일반적이었다.

반면, 짙은 갈색으로 우려낸 홍차에 설탕과 우유를 듬뿍 넣어서 마시는 것이 하류층이 즐기던 홍차다. 산업화 때 공장 노동자들은 이렇게 홍차를 마셨다. '노동자 사이즈'로 불렸으며, 그 양이 꽤 많았다.

계층에 따라서 식사에 대한 명칭도 달랐다. 중류층은 저녁식사를 '디너'Dinner라고 하고, 상류층은 공식적인 저녁식사는 '디너', 비공식적인 가족의 저녁식사는 '서퍼'Supper라고 했다. 만약 저녁식사를 '티'Tea라고 한다면 그 사람은 하류층일 가능성이 높다. 이는 19세기 산업화가 한창이던 때, 오후의 티타임을 갖지 못한 노동자들이 고된 하루 일과를 마치고 저녁식사를 차와 함께 했던 데서 비롯되었다.

상류층에서 하류층까지, 19세기가 지나면서 영국 사람들은 자신의 여건에 따라 차 마시는 방법을 터득해갔다. 계층마다 그 내용과 형식이 다르다 할지라도 「다운튼 애비」의 하인들처럼 차 마시는 풍경에 자신의 자리를 만들 줄 알았다. 이들이 마시는 차가 어떤 종류인지, 설탕과 우유는 넣는지 굳이 알 필요가 없을 정도로 그 풍경은 자연스럽다.

그러나 「다운튼 애비」에서 오로지 한 사람, 백작의 노모는 유난히 차의 형식에 집착한다. "마침 필요한 때에 차가 나오는구나", "그래서 차는 마실 거니?" 등등 노부인의 대사는 종종 차와 엮인다. 또 직접 찻잎을 찻주전자에 넣고 탕관의 물을 부어 우린 다음 차를 마시는 장면을 찬찬히 보여주기도 한다. 모두가 새로운 시대를 예민하게 받아들이고 있지만 노부인만큼은 전통을 옹골차게 부여잡고 옴짝달싹하지 않으려 한다. 그래서 그녀가 옛 시대의 상징인 차와 자주 등장하는 게 아닐까싶다. 노부인은 빅토리아 시대를 그리워하는 사람으로, 이 시대는 어느 때보다 차에 대한 애정이 컸다.

홈 스위트 홈

'가정의 천사'라는 국가적 이상에 사로잡히다

제인 오스틴은 평생 미혼으로 살았다. "독신녀들은 가난해진다는 무서운 경향이 있어. 이것이 결혼을 추구하는 강력한 이유 중 하나야." 언니 카산드라에게 보낸 편지에는 독신여성으로서 살아가는 불안감이 배어 있다.

뼛속까지 남성의 나라

빅토리아 시대 이전을 살았던 제인 오스틴은 뛰어난 작품으로 세간의 주목을 받았지만 이름 대신 '어느 숙녀'로 알려졌다. 이후 메리 앤 에번스가 본명을 숨기고 조지 엘리엇1819~80이라는 남자 이름으로 작품 활동을 할 수밖에 없었던 시대, 그리스어와 라틴어 교육을 받았지만 사회에서 제한된 여성의 역할에 강한 불만을 토로했던 플로렌스 나이팅게일1820~1910이 살았던 시대. 빅토리아 시대의 영국은 엄청난 배포로 세계를 향해 전진해갔지만 정작 영국 여성이 겪는 사회, 경제, 문화 활동의 어려움을 개선하려는 노력은 인색했다.

신사의 나라, 세계 최초라는 타이틀을 가장 많이 보유하고 있는 나라, 겸손과 중용의 나라와 같은 수많은 수식어를 가진 영국은 뼛속까지 남성의 나라다. 일일이 열거하기도 어렵지만 영국이 최초로 이룩한 수많은 것들은 왜 영국이 남성의 나라인지를 말해준다. 최초의 의회, 최대의 식민지, 최초의 산업화, 최초의 기차, 근대 스포츠와 게임을 가장 많이 발명한 나라. 무슨 설명이 더 필요하겠는가. 세계의 지도를 바꿀 정도로 전성기를 열었던 엘리자베스 1세와 빅토리아 여왕은 물론, 현재도 60년 이상 장기집권을 하고 있는 여왕의 나라라는 사실이 무색할 정도다.

영국이 세계를 쥐락펴락하고 있을 때 국가적, 제국적 영웅은 남성이었다. 보이스카우트의 창설자 로버트 파월은 총을 쏠 줄 알고 명령에 복종할 줄 알아야 한다고 소년들에게 가르쳤으며, 그렇지 않으면 전쟁이 터졌을 때 "늙은 여인만큼도 쓸모가 없다"고 영국 남성의 강인함을 부추겼다.

길거리의 거지들도 홍차를 마신다는 얘기가 있을 만큼 이국의 문물이 흔해진 19세기 중엽까지도 영국 여성들은 사회적으로 완전히 배재되었다. 19세기 말에는 하위 노동계급 남성들조차 국민에 속했지만 여성은 국민으로서 어떤 존재감도 없었다.

교육은 영국 여성을 개화시켜갔다. 동시에 학교라는 공간은 얼마나 영국 사회가 보수적인지 확인할 수 있는 현장이었다. 제2차 세계대전을 전후로 영국 요크셔 지방에 살았던 한 수의사 얘기를 다룬 드라마 「영 헤리엇」Young Herriot에는 여성에 대한 편견으로 둘러싸인 대학교가 나온다. 헤리엇과 함께 수의사 공부를 하는 동료 여학생은 담당 교수에게 늘 공개적으로 투명인간 취급을 당한다. 교수는 여자가 이 학교에서 수학하는 것 자체가 자신과 학교의 명예를 떨어뜨리는 일이라며 모욕적인 언사를 일삼는다. 여학생의 존재감이 '제로'임을 보여주는 단적인 예로, 이 대학교에는 여자 화장실이 없다.

숨죽여 사는 여성들이 대부분이었지만 투사가 없는 건 아니었다. 버지니아 울프는 여성이 소설가가 되기 위해서는 '연간 500파운드'의 수입과 독립적인 '자기만의 방'이 필요하다고 역설했다. 또 『셜록 홈즈』 시리즈 중에도 당시 여성이 처한 사회적 상황을 알 수 있는 대목이 나온다. 보수적인 영국 사회에 반발하는 여성운동가가 등장해 인구의 절반이 여성인데도 여성에게 참정권이 없는 것에 대해 신랄하게 비판한다. 영국 여성들은 오랫동안 끈질기게 '데모하고, 돌 던지고, 단식투쟁'을 한 끝에 남성보다 50년 뒤인 1918년에 투표권을 획득했다.

1851년에 실시된 인구 조사에 따르면 20세 이상 영국 여성의

제임스 티소, 「과부」(A Widow), 1868.

57퍼센트가 기혼여성, 13퍼센트가 과부, 30퍼센트가 독신여성이었다. 많은 남성들이 전쟁으로 죽거나 식민지 확장 정책으로 국외로 나갔고, 영국 내에는 이른바 '잉여여성'으로 불리는 미혼여성들이 점점 늘어갔다.

귀족층 여성들은 사교의 계절이 되면 런던의 저택에 머물며 손님을 초대하고 파티를 여느라 바빴다. 중산층에 속하지만 경제적으로 넉넉하지 못한 미혼여성들은 일을 찾아 나서야 했고, 가정교사나 작가, 화가로 겨우 일할 수 있었다. 당시 15세에서 25세까지 런던의 젊은 여성들 가운데 3분의 1은 하인, 또 다른 3분의 1은 매춘부였다. 이 외에 다른 선택의 여지가 없을 만큼 이 시기 영국 여성들의 사회적 지위와 역할은 미미했다.

가재도구보다 조금 더 나은 존재

프랑스 사상가 히폴리트 텐은 『잉글랜드에 관한 노트』*Note on England*라는 방문기에서 런던의 많은 부유층 젊은이가 가정교사를 안주인으로 들였다고 썼다. 하지만 하녀나 몸종보다 교육 수준이 나았던 가정교사의 경우에도 사회적으로 천시받기는 마찬가지였다. 아버지가 목사였던 샬럿 브론테1816~55도 여러 해 동안 가정교사 일을 했다. 그때의 경험은 고스란히 소설에 녹아들었다. 『제인 에어』는 문학사상 가장 유명한 가정교사일 것이다.

19세기 후반까지 가정교사는 중산층 독신여성이나 집안이 몰락

한 상류층 여성이 얻을 수 있는 몇 안 되는 일자리였다. 하지만 급여 수준은 형편없었다. 상류층 자녀의 교사인 동시에 보모였던 그들은 숙녀처럼 행동해야 하면서도 하녀 취급을 받았다. 하녀들조차도 가정교사를 곧잘 경멸했다.

윌리엄 새커리가 쓴 『허영의 시장』에서 블렌킨소프 부인은 가정교사를 빗대어 "숙녀처럼 머리를 하고 숙녀처럼 도도하게 구는데 월급은 너랑 나만도 못해"라고 말한다. 샬럿 브론테조차도 "가정교사라는 노예"라고 표현했다. 작가 다이앤 애커먼은 『천 개의 사랑』에서 빅토리아 시대의 미혼여성을 이렇게 묘사한다.

> 빅토리아 시대의 소녀는 수를 놓거나 공들여 레이스를 떠서 냅킨, 베개 덮개, 페티코트, 컵 받침, 숄, 나이트가운 같은 것들을 예쁘게 꾸미는 일을 하며 소극적으로 기다린다. 표면적인 이유는 '혼수함'에 넣을 물건들을 차곡차곡 준비하고 있는 것이지만, 실제 목적은 장차 시작될 실제의 사랑을 기다리는 동안 사춘기의 무료한 시간을 바쁜 일거리로 채우는 것이다.

제인 오스틴이 언니 카산드라에게 밝힌 것처럼 당시 영국 여성들은 사회에서 모멸 어린 시선을 받거나 가난의 구렁텅이로 빠지지 않으려면 결혼해야 했다. 하지만 정작 결혼은 여성에게 어떤 해방구도 되지 못했다. 소녀가 소박하게 꿈꾸고 기다려온 결혼은 여성을 사회적 어른으로 인정하는 제도가 아니었다.

빅토리아 시대의 결혼은 여자를 애완동물이나 어린아이처럼 만들었다. 기혼여성은 남편의 재산이었으며 여성은 집안의 가재도구보다 조금 나은 존재였다. 아내는 남편의 보호 아래 사회적 책임을 지지 않았고, 오직 남편에게 충성할 의무만 있었다. 책임이 없는 만큼 권리도 없었다.

빅토리아 시대 관습법에 따르면 여성의 동산動産은 유산에 의한 것이든 노력에 의한 것이든 모두 남편에게 속했다. 부동산 관리권 역시 남편에게 있었다. 아내는 계약서에 서명을 할 수도, 소송을 할 수도, 유언을 남길 수도 없었다. 물론 채무의 책임도 지지 않았다.

여성의 이름은 사회적 효력을 갖지 못했기에 부를 쌓을 방법도 이혼할 방법도 없었다. 남편이 죽으면 유산은 바로 아들에게 귀속되었다. 아들 부부의 손에 거리로 내쫓기는 어머니와 딸 들의 경우가 비일비재했다. 그나마 아들이 관용을 베풀어 기거할 만한 시골집 한 채라도 주면 다행이었다.

페미니스트에 대한 논문인「여성의 예속」에서 경제학자 존 스튜어트 밀은 남편이 있는 여자를 '폭군의 몸종'이라고 개탄했다. 결혼은 아내가 평생 남편에게 복종할 것을 제단에서 맹세하는 것이며, 또 법은 그 맹세에 따라 여성을 옴짝달싹하지 못하도록 가두는 철창 역할을 했다. 여성은 결혼과 동시에 가정이라는 울타리에 완전히 감금되었다고 할 수 있다.

'가정의 천사'를 둘러싼 명암

정치, 사회, 문화, 경제 등 거의 모든 면에서 배제된 존재였던 여성에게도 중요한 역할이 있었다. 그것은 가정 안에 자리했다. 빅토리아 시대의 가장 영향력 있는 사회사상가이자 예술비평가였던 존 러스킨1819~1900은 『여왕의 정원』 *Of Queen's Gardens*에서 '가정'을 다음과 같이 정의한다.

> 여인의 능력은 싸우는 데 있지 않고 다루는 데 있다. 여인의 지식은 발명이나 창조를 위한 것이 아니라 온화한 질서와 정돈 그리고 결정을 하는 데 쓰인다. 이것이 가정의 진정한 본질이다. 가정은 평화의 장소이며 보금자리이지, 상처받고 공포를 느끼거나 의심하고 분리되는 곳이 아니다.

빅토리아 시대는 가정이라는 울타리 안에서 궁극의 행복을 추구하는 가족의 모습이 가장 부각된 때였다. 도시화, 산업화가 급격히 이뤄지던 19세기 영국에서 가장 필요한 것은 거주 공간 이상의 가정이었다. 가정은 어머니의 따스한 품속과 같아야만 했다. 여성에게는 민족의 어머니적 자질, 그러니까 국가의 역사와 전통을 대변하는 역할이 주어졌다.

러스킨의 글은 가정에서 남녀의 역할을 뚜렷하게 구분 짓고 있다. 가정은 정글과도 같은 바깥세상에서 경쟁하고 싸우며 상처받은 남자들이 쉴 수 있는 평화로운 장소여야 했다.

가정의 따스함이 강조되었던 이 시대의 대표적인 부부상은 유럽 왕실사상 가장 금실이 좋았던 빅토리아 여왕과 앨버트 공이었다. 가정에서 여왕은 군주로서의 위엄보다 더없이 온화한 아내이자 어머니의 모습을 보여주었다. 왕실 가족의 초상화에는 서로를 바라보는 부부의 눈빛에 경외가 드러나고 이들 옆으로 자녀와 애견 들이 편안히 포즈를 취하고 있다. 이야말로 백성에게 심어줘야 할 행복한 가정의 표본이 아니었을까.

오늘날 행복한 가정의 모습이 가장 극대화되는 크리스마스 기간에 하는 대부분의 행사는 빅토리아 시대에 시작된 것이다. 원래 크리스마스 트리를 만드는 풍습은 독일에서 유래되었다. 이를 1841년 독일 출신인 앨버트 공이 윈저 궁에 들여왔고, 1843년에는 최초로 크리스마스 카드를 상업적으로 판매하기 시작한다. 앨버트 공이 크리스마스의 다양한 축하의식을 영국에 선물한 것이다.

빅토리아 시대가 원하는 여성상은 '가정의 천사'였다. 시인 코벤트리 팻모어1823~96는 「가정의 천사」라는 시에서 이상적인 부인상을 노래했다. 가정은 최고의 안식처요, 여성은 가정을 편안한 휴식처로 만드는 존재다. 또 여성을 지상에 내려온 천상의 안내자로 묘사했다.

특별히 여성은 티타임을 준비하고 주관할 때 가장 이상적인 '가정의 천사'가 되었다. 당대 수많은 시인과 작가는 차를 예찬했고,

또 차와 어머니를 동일시했다. 이들의 차 예찬은 애정을 갈구하는 어린아이의 울음마냥 절실하다. 한 프랑스 작가는 『영국인의 생활』에서 이렇게 밝히고 있다.

> 가정에서 차를 달이는 것은 신성한 어머니의 권리—프랑스에서는 빵을 자르는 것이 전통적으로 아버지의 권리이듯이—로, 이 역할을 다할 어머니가 없을 때에는—그리고 남성들만의 모임이라도— 차를 달이기 전에 "누가 어머니가 될 것인가?"라고 물을 정도다.

아일랜드에서도 '어머니' 전통이 있다. 티타임에 한 사람이 "제가 어머니를 할까요?"라거나, 주인이 "누가 어머니를 하시겠어요?"라고 묻는다.

가정을 온화하게 이끄는 어머니를 상징하는 '가정의 천사'라는 말은 빅토리아 시대에 상당히 인기가 높았다. 그러나 이후에는 수동적이고 나약한 여성을 의미하는 것으로, 현재는 도덕적으로 엄격하고 가부장적인 사회를 나타내는 비판적인 개념으로 사용되고 있다.

하지만 간과할 수 없는 사실이 있다. 비록 가정의 천사라는 명목으로 여성의 사회적 역할이 한정되었지만 영국의 차 문화는 여성을 중심으로 발전했기에 국민적 음료로서 그 자리를 공고히 할 수 있었다. 산업화와 제국주의의 광풍 속에서 여성은 가정의 따스함, 온화한 풍경, 편안한 대화 등을 이끌어내는 주체로서 그 몫을 다했다.

영국 여성들은 경직된 남성 중심의 사회에서 지난한 시간을 보내야만 했다. 하지만 그녀들은 국가와 사회가 씌운 가정의 천사라는 굴레에 머무르지 않았다. 자신이 주인공이었던 티타임에서 그들은 가정의 '천사'가 아니라 '여왕'이었다.

홍차 스파이 | 욕망

스토리텔링 클럽

너무나 영국적인, 이야기는 거기서부터 시작된다

'스토리텔링'이란 말이 유행처럼 번지고 있다. 광고와 컨설턴트 분야에 스토리텔링 전문가를 자처하는 사람들이 나타났고, 이를 진지하게 다뤄보겠다는 연구소도 생겨났다. 대학에도 스토리텔링 학과가 급히 신설됐다. 아이들의 동화책과 학습지 소개에도 스토리텔링이라는 말이 등장해 마케팅 설전을 벌이고 있다.

색슨 기질이 소설을, 노르만 기질이 드라마를

이뿐만이 아니다. 어느 날, 생소한 인물들이 인터넷 포털사이트 실시간 검색어 1위를 장식하면서 혜성처럼 등장한다. 가수나 사업가로 성공한 사람들인데, 그들의 드라마 같은 인생이 화제다. 이들의 이야기를 매스컴에서는 적절한 간과 양념으로 버무려 감동의 스토리텔링을 연출한다. 사람도 브랜드도 기획된 이야기, 스토리텔링이 있어야 주목 받는 시대다. 아무리 좋은 상품일지라도 그 속에 이야기가 없으면 제값을 못 받는다.

'스토리텔링'을 말하는 데 영국이 빠질 수 없다. 영국은 세계에서 가장 먼저 기계화와 산업화를 주도했지만 그 뿌리와 토양은 보드라운 문화와 예술로 채워져 있는 나라다. 섣불리 모방할 수 없는 풍부한 상상력의 배경에는 영국의 역사, 그러니까 온갖 이질의 문물과 문화 그리고 사람들이 섞인 이야기가 존재한다.

카잔차키스의 말대로 영국인의 피는 "금발에 발그스름한 피부의 바이킹 거인들, 파란 눈을 가진 영리하고 날렵하고 공상적인 켈트족, 독수리의 눈과 차분하고 안정된 걸음걸이를 보여주는 노르만 신사들, 작은 키와 가무잡잡한 피부에 불안스럽고 탐욕스러워 보이는 고대 이베리아인들"의 합작품이다.

카잔차키스가 영국 여행 중에 만난 한 여류 작가는 영국인에 대해 이런 놀라운 비유를 들었다.

영국인의 색슨 기질이 소설을 만들어냈고, 노르만 기질이 드라마를 만들어냈지요. 색슨족은 삶을 사실적으로 표현하는 것을 좋아했어요. 사소한 것들을 관찰하고 존중했으며, 일상의 자잘한 것들을 깊은 애정과 끈기와 이해심으로 끌어모아 병렬했지요. 이런 벽돌들에서 건물이 서서히 솟아올랐죠. 노르만족은 군사적 갈등과 재빠른 개념화를 즐겼고, 삶을 극적인 요소로 화려하게 응축시키는 것을 좋아했습니다. 전자가 농부라면 후자는 전사이지요.

여기에 이렇게 덧붙인다.

그런데 우리의 색슨과 노르만적 요소에 네덜란드 요소가 불쑥 보태졌지요. 18세기 네덜란드 문명이 우리에게 준 영향은 지대했습니다. 정확하고 깔끔한 사고방식을 지닌 이 작은 이웃 국가가 최초로 부르주아적 문명을 창조했어요. 통상, 무역 선단, 중산층 건축물, 안락한 가정, 개인 정원, 소박하고 실속 있는 의복 말입니다.

현재가 아니라 과거를 아는 것

재료가 충분해야 상상력이 꽃필 수 있다. 다른 여러 이유가 있겠지만, 지독히 가난했던 조앤 K. 롤링이 『해리포터』 시리즈로 세계적인 작가가 될 수 있었던 것도 유구한 역사와 풍부한 문화를 가진 영국 태생이었기 때문이다. 세간에 전혀 알려지지 않았다가 세계적인 명성을 얻는 영국인들도 많다. 별안간 해리포터의 아성을 무너뜨린 작가도 다름 아닌 그저 평범한 영국 남자였다.

그레이엄 테일러는 영국의 조그마한 시골에서 목회를 하고 있었다. 처음에는 짬짬이 써오던 글을 출판사에 보내볼 용기도 내지 못했다. 월 150만원 정도를 버는 목사였던 그는 자신의 오토바이를 팔아 책 250권을 찍어 주변 사람들에게 나눠주었다. 누구도 예상하지 못했지만, 책의 인기에 대한 입소문이 출판사로 흘러들어 갔고 정식 출간된 책은 대박을 쳤다. 판타지 소설, 『섀도맨서』다. 2003년 출간되어 『해리포터와 불사조 기사단』을 제치고 영국 도서 판매순위에서 15주 연속 베스트셀러를 차지했다. 미국에서도 반응은 폭발적이었다.

그레이엄 목사의 고향은 스카보로인데 영국 북해 연안 노스요크셔에 위치한 작은 어촌이다. '스카보로'하면 사이먼 앤 가펑클의 곡 「스카보로 페어」와 더스틴 호프만 주연의 영화 「졸업」이 바로 떠오른다.

흥미롭게도 '스카보로 페어'의 무대는 중세 말기까지 거슬러 올라간다. 당시 요크셔는 영국 상인들의 중요한 교역장이었다. 스카보로에서는 8월 15일부터 45일에 걸쳐 거대한 무역 시장이 열렸는데, 영국 상인들은 물론이고 대륙 사람들도 장사를 하러 모여들었다. 이 시장을 배경으로 17세기부터 구전으로 내려온 작자 미상의 곡이 있었다. 이후 사이먼 앤 가펑클이 이를 편곡해 불러 큰 인기를 얻었다. 스카보로 시장은 1788년에 마지막으로 문을 열었고 지금은 조그마한 마을로 남았다. 한 곡의 노래에 이토록 많은 이야기가 숨어 있다니 그저 놀라울 따름이다.

시모어 조셉 가이, 「황금바위에 대한 이야기」(Story of Golden Locks), 1870.

그레이엄 목사는 자신이 작가가 될 수 있었던 이유를 역사와 이야기에서 찾는다.

저는 이곳의 모든 역사를 알고 있습니다. 모든 집이 각자의 역사를 가지고 있지요. 유령들의 이야기가 어디에 있는지, 오래된 술집들이 어디에 있었는지도 알죠. 수백 년 전에 이곳에서 무슨 일이 일어났는지를 아는 것, 현재가 아니라 과거를 아는 것이 중요합니다.

그레이엄 목사와 비슷한 배경을 가진 판타지 소설가가 또 있다. 베스트셀러 『일곱 번째 아들』 시리즈의 작가 조셉 딜레이니다. 칠순을 바라보는 그는 그간 고등학교 교사로 일하면서 틈틈이 글을 썼다. 10여 년간 출판사에서 계속 퇴짜를 맞다가 독자의 연령층을 낮춰 책을 발간했고 늦은 성공을 거뒀다. 이 시리즈는 2004년부터 출간되어 지금까지 13권이 나왔다. 29개 언어로 번역돼 300만 부 이상 팔렸다. 또 할리우드에서 영화로도 제작될 예정이다.

조셉 딜레이니는 자신의 상상력의 원천을 "어렸을 때 듣고 자란 랭커셔 지방의 설화와 민담, 미신"으로 꼽았다. 잉글랜드 북서부 지방인 랭커셔는 작가의 고향이다. 이곳 아이들은 매일 마녀와 악마, 유령과 집요정 등이 등장하는 무서운 이야기를 듣고 자란다. 그레이엄 목사와 마찬가지로 그도 무궁무진한 이야기가 전해지는 랭커셔에서 태어나지 않았다면 지금의 책을 쓸 수 없었을 거라고 장담한다.

이야기를 파는 나라

한때 '해가 지지 않는 나라'로 군림했던 영국은 오랜 침체기를 겪었다. 지금도 세계적인 금융위기, 제조업의 부재, 관광산업의 위축 등 여러 요인 때문에 사회적, 경제적으로 큰 난관에 봉착해 있다. 그러나 21세기 영국의 저력은 금융업도 제조업도 아닌 문화와 예술에서 뿜어져 나오고 있다. 스타 미술가, 스타 디자이너, 록 스타, 오스카 상 수상자들, 왕실 가족을 다룬 드라마, 베스트셀러 작가 등등 영국은 세계적인 엔터테이너의 산실이다. 미국이 대중문화를 독식하다시피 하는 와중에 영국은 이에 맞설 유일한 도전자가 되었다.

영국 내에서도 역사와 전통을 계속 고집하는 것은 낡은 생각이라고 보는 사람들이 많다. 그러나 역사와 전통을 활용해 장사를 제일 잘하는 나라가 영국이다. 영국은 과거에 일어난 하나의 사건을 가지고도 엄청난 스토리를 만들어낸다. '잭 더 리퍼'Jack the Ripper가 그렇다. 1888년 런던의 우범 지역으로 악명 높았던 화이트 채플 등에서 일어난 전대미문의 연쇄살인 사건이 배경인 이 이야기는 책, 뮤지컬, 영화, 드라마 등으로 끊임없이 재생산되고 있다.

국내에서도 이를 다룬 뮤지컬이 엄청난 인기를 끌었다. '잭'은 영어권에서 이름이 없는 남성을 가리킬 때 쓰는 말이다. '칼잡이 잭', '면도날 잭', '살인마 잭'으로 불렸던 범인은 결국 잡히지 않았다. 빅토리아 여왕도 범인을 잡을 전략을 제시했을 정도로 당시 영국 사회에 엄청난 공포를 안겨주었던 사건이었다.

지금도 런던에는 살인마 잭의 환영을 찾아 그 현장을 맴도는 이들이 많다. 이런 사람들을 위한 '잭 더 리퍼 투어'Jack the Ripper Tour도 있다. 잭이 살인 행각을 벌인 장소를 돌며 당시의 상황을 생생하게 듣고 체험하는 현장답사다. 답사를 마치고 공포에 질린 이들의 얼굴을 보면 한 세기가 훌쩍 지났지만 살인마 잭의 혼령이 여전히 우리 곁에 존재하는 듯하다. 오히려 그 공포의 부피는 상상력으로 인해 더욱 팽창했다. 이것이 시간이 축적한 스토리텔링의 효과일 것이다.

잭 더 리퍼 투어와 같은 스토리텔링 관광의 대표 브랜드는 단연 '비틀즈'다. 비틀즈가 음반을 녹음했던 '애비 로드 스튜디오', 비틀즈의 고향 리버풀과 초창기 공연을 했던 캐번 클럽과 스타 클럽을 재현한 '더 비틀즈 스토리', 1969년 발매한 앨범 커버로 유명한 런던의 횡단보도 '애비 로드' 모두 인기 있는 관광지다. 희미해진 과거의 추억을 찾아 떠나는 것이 아니라, 더욱 생생하고 풍부해진 이야기를 따라 세계 관광객들이 움직이고 있다.

그리고 몇 년 전, 영국의 유명 오디션 프로그램인 「브리튼스 갓 탤런트」Britain's Got Talent에서 두 명의 평범한 아저씨, 아줌마가 세상을 흔들어놓았다. 폴 포츠와 수잔 보일이 세계인에게 깊은 인상을 준 것은 뛰어난 노래 실력 때문만이 아니었다. 텔레비전 쇼에 나오기 전 그들의 삶은 반짝거리는 것과는 거리가 멀었다. 휴대폰 외판원인 폴 포츠의 어눌한 말투와 못생긴 노처녀 수잔 보일의 품위 없는 제스처가 그걸 말해준다.

그런 그들이 노래를 부를 때는 반짝반짝 빛이 났다. 감동의 반전이었다. 노래 자체가 아닌, 삶의 반전 스토리가 세계인의 심금을 울린 것이다. 그레이엄 목사도, 조앤 K. 롤링도 그랬다. 아무리 좁은 바닷가 마을에 살지라도, 궁핍한 삶이 이어지더라도 이들의 세포 속에는 영국의 이야기가 존재했던 것이다. 진짜 이야기는 거기서부터 시작된다.

'그럼 차라도 한 잔'

알다시피 미국식 영어와 영국식 영어는 발음과 단어 사용에서 약간씩, 또 경우에 따라서는 엄청 다르다. 그렇다면 미국 영화를 보는 영국인의 이해가 빠를까, 영국 영화를 보는 미국인의 이해가 빠를까? 답은 전자다. 영국인들이 미국 영화를 볼 기회가 상대적으로 더 많기 때문이다. 영국이 미국에 맞설 문화예술의 대국이라고 하지만 영화 제작 편수에서는 미국이 훨씬 앞선다.

그래서일까. 가끔 영국 영화에서 미국을 겨냥한 듯한 장면을 발견할 수 있다. 바로 '영국인들의 유난한 차 마시기'에 관한 장면이다. 미국의 커피 문화와 반대되는 영국의 차 문화를 슬쩍슬쩍 묘사하는 것이다.

나니아의 세계로 들어온 꼬마 루시를 자신의 집으로 초대해 차를 권하는 반인반수의 파우누스, 자신의 집을 방문한 이에게 꼭 차를 마시겠느냐고 묻는 해리포터의 거인 선생 해그리드, 유령선과 해적선의 전투가 한창인 배 위에서 죽음에 직면한 커틀러 버켓 경의 태연한 티타임이 그렇다.

또 영국 샌님 휴 그랜트는 영화에서 세계적인 미국 여배우 줄리아 로버츠에게 커피와 주스 등을 권하다가 이것도 저것도 아니면 "그럼, 차라도 한 잔"이라고 한다. 「나니아 연대기」「해리포터」「캐리비안의 해적」「노팅 힐」 등에 나오는 차를 권하거나 티타임을 갖는 장면에서는 영국 냄새가 진하게 풍긴다.

영국에는 3만 개에 이르는 스토리텔링 클럽이 있다고 한다. 영국에서 홍차 산업이 발전한 것은 어쩌면 당연한 일이었는지도 모른다. 할 이야기가 무궁무진한 영국인들에게는 쓴 커피보다 몇 잔이고 마셔도 과함이 없는 홍차가 제격이다.

약한 부분, 그러니까 영국인의 선천적인 소심함, 대표적인 요리의 부재, 건강을 해치는 날씨 등이 홍차 문화의 원동력이 된 것과 마찬가지로 풍부한 부분도 그랬다. 오랜 전통과 역사, 유형과 무형의 문화유산 등 나눌 이야기가 많을수록 홍차의 맛은 깊어진다.

정치와 파티

'티파티' 하실래요, '커피파티' 하실래요?

티파티? 미국 대통령 선거를 앞두고 텔레비전에서 정치 얘기가 오가는 가운데 자꾸 '티파티'를 들먹인다. 처음에는 어느 정당에서 티파티를 열었나보다 했는데 그게 아니었다. 여기서 말하는 티파티는 2009년 월가와 부실 대기업에 대한 버락 오바마 대통령의 구제금융 지원에 항의하기 위해 결성된 모임을 말하는 것이었다.

'티파티'의 시작

미국 정치권에서 얘기하는 '티파티'Tea Party의 기원은 미국의 영국 식민지 시절로 거슬러 올라간다. 1492년 콜럼버스가 신대륙을 발견한 후 영국은 이곳을 식민지화하기 위해 부단히 노력했다. 그 결과 17세기 초부터 영국 이주민들이 버지니아 주 제임스타운에 정착하기 시작한다. 제임스 1세의 국교 강요에 불만을 품은 영국 청교도들도 매사추세츠 주 등으로 이민을 강행했다. 그렇게 18세기 초까지 지금의 북아메리카 동쪽에는 영국령 13개 주가 성립되었다.

미국 식민지로 건너온 사람들의 출신은 다양했다. 독일 출신도 많았고, 영국인 가운데는 스코틀랜드와 웨일스 사람들도 꽤 있었다. 출신은 달랐지만 이들에게는 공통점이 있었다. 하나같이 '영국 신사'를 흉내 냈다는 것이다. 영국 신사를 상류계층으로 인식한 식민지 사람들은 복장에서 취향까지 그대로 모방하고자 했다. 이주해온 영국인 지주들도 마찬가지였다. 이들은 본국의 유행을 늘 주시했으며, 영국에서 출간된 책을 읽고 영국제 가구를 들이기에 분주했다.

특히 영국에서 막 유행하기 시작한 '홍차 마시는 습관'은 식민지 사람들을 몹시 자극했다. 티파티 풍습이 전해지자 이들은 티테이블 위를 티포트, 티스푼, 티타월 등 영국산 차 도구로 채우고자 했다. 영국제가 아니면 격이 떨어진다는 인식이 보편적일 정도로 식민지 사람들은 '영국 스타일'에 사로잡혀 있었다.

그러던 중, 영국 스타일을 추종하던 미국 식민지 사람들에 큰 변화를 가져다준 몇 가지 사건이 발생한다. 초기에 영국은 큰 간섭 없이 미국 식민지 각 주에 자치권을 부여했다. 1763년 프랑스와의 7년전쟁에서 승리한 영국은 프랑스로부터 캐나다와 미시시피 동부 지역을 얻었고 그 땅을 유지하기 위해 막대한 비용이 필요했다. 또 전쟁에서는 이겼지만 엄청난 금전적 손실이 발생했기에 졸지에 영국 정부는 빚더미에 올랐다.

궁지에 몰린 영국 정부는 식민지에서 자금을 끌어낼 묘안을 찾기 시작한다. 1764년에는 설탕을 비롯한 당밀을 수입할 경우에 세금을 내야 하는 '설탕법'을, 1765년에는 신문과 일간지 등 미국 식민지에서 발행되는 모든 출판물에 '인지법'을 적용해 세금을 부과한다. 이에 분개한 식민지 사람들은 거리와 술집으로 모여들었다. 항의 집회와 폭동이 이어졌다. 더불어 영국 제품에 대한 불매운동이 시작되었다.

영국산 제품 불매운동의 불똥이 차에도 튀었다. 그간 영국의 생활방식이라면 양잿물도 마실 것 같던 미국 식민지 사람들은 유독 영국의 홍차 문화에 집착했다. 차의 수요가 많아지자 차를 밀수하는 업자들도 덩달아 늘어갔다. 미국 식민지 정착자들은 세금 납부를 피하기 위해 네덜란드에서 차를 밀수입했다.

1770년대에 차 밀수사업은 절정에 달했다. 작은 항구도시나 마을에서는 밀수가 주민 전체의 부업으로 자리 잡을 정도였다. 때문에 이를 불법으로 인식하는 사람도, 또 신고하는 사람도 거의 없었다. 밀수범들은 조직적으로 움직였으며 최신식 무기로 무장했다. 이들을 체포하려면 군대를 동원하는 수밖에 없었다.

런던 템스 강에 정박 중인 동인도회사의 선박들, 1660년경.

물고기의 입으로 들어간 342개의 차 상자

밀수행위가 퍼지면서 합법적인 차 판매량이 줄어들자 동인도회사는 엄청난 재고를 떠안게 되었다. 1만 톤 분량의 차가 런던의 창고에서 썩어가고 있었다. 회사는 판매와 상관없이 차에 부과된 수입세를 지불해야 했기 때문에 정부에 그만큼의 빚을 지고 있었다. 또 회사의 재정이 건전한 것처럼 꾸미기 위해서 주주들에게 실제로 감당할 수 있는 것 이상으로 배당금을 지불한 나머지 갈수록 채무에 허덕였다.

밀수 문제로 골머리를 앓고 있던 때에 엎친 데 덮친 격으로 불매운동이 연이어 발발하자 동인도회사는 위기감에 빠진다. 영국 정부는 모든 물품에서 관세 적용을 철회했다. 하지만 차만은 제외시켰다. 영국의 차 마시는 습관에 유난히 집착을 보였던 식민지 주민들이기에 세금을 내고서라도 영국 차를 살 것이라고 판단했기 때문이다. 특단의 조치가 필요했던 회사는 정부가 개입해 이를 해결하도록 유도했다. 그 결과, 1773년 차 조례가 만들어졌다. 미국에서의 차 판매에 대한 사실상의 독점권을 동인도회사에 부여한 것이다.

그러나 이는 엄청난 계산착오였다. 차 조례는 문제를 해결하기는커녕 영국에 대한 반발심만 불러오는 결과를 초래했다. 주민들은 식민지에서 생산된 것만 살 것을 약속하고, 영국에서 수입한 차는 마시지 않겠다고 단언한다. 이들은 다년간 영국산 제품의 불매운동을 펼치면서 스스로를 영국인이 아닌 미국인이라고 인식하게 됐다. 이를 계기로 식민지 사람들의 '영국 신사 흉내'는 종지부를 찍었다.

그리고 그날이 왔다. 1773년 12월 16일, 보스턴 항에서 역사에 길이 남을 만한 사건이 발발한다. 항구에 정박 중이던 동인도회사의 차를 실은 배 세 척에 모호크족 인디언처럼 변장한 80여 명의 사람들이 올라탄다. 밀무역과 관련한 사람들이었다. 그들은 "오늘 밤 보스턴 항구는 찻주전자다"라는 함성을 내지르며 342개의 차 상자를 바다로 던져버린다. 단 세 시간 만에 일어난 일이었다. 보스턴 주민들이 1년 내내 마실 수 있는 엄청난 양의 차가 물고기의 입으로 들어가버린 것이다. 밤 아홉 시가 되자 보스턴 항구는 찻잎으로 검게 물들어갔다.

지금에야 이들의 행동을 진취적으로 생각할 수도 있으나 그때의 분위기는 살벌하고도 끔찍했다. 이후에 이 같은 사건이 다른 항구에서 잇달아 발생했다. 1774년 3월, 영국 정부는 동인도회사가 손실액을 보충할 때까지 보스턴 항구를 폐쇄하기로 선언한다. 이 사건이 계기가 되어 1775년 미국의 독립전쟁이 발발했다.

이 사건을 지칭하는 '보스턴 티파티'Boston Tea Party라는 말은 1834년에 처음 사용됐다. 영국은 자국뿐 아니라 유럽과 식민지의 차 산업을 지키기 위해 갖은 모략과 전술을 폈지만, 미국은 영국으로부터 차의 굴레에서 벗어나는 길을 택했다.

조세핀 폴라드, 『보스턴 티파티』*Boston Tea Party* 본문 삽화.

미국 시민사회의 티파티 vs 커피파티

미국이 영국으로부터 독립을 선언한 계기가 된 '보스턴 티파티'는 세기를 넘어 미국 정치판을 움직이는 운동의 상징으로 등장했다. 영국에 대항하는 식민지 정착자들의 조세저항운동에서 현재는 미국 정부에 대항하는 국민들의 조세저항운동으로 그 역사를 이어간다.

미국의 티파티는 색깔은 있지만 특정 정당을 지지하는 운동은 아니다. 정부 정책이 꼴사납고 못마땅한 사람들이 자발적으로 벌이는 운동이다. 2009년 오바마 정부는 월가와 GM제너럴 모터스 등에 대한 구제금융의 일환으로 7,800억 달러를 투입했다. 그러자 국민의 세금을 그처럼 쏟아붓고 이로 인해 나라의 빚이 천문학적으로 늘어난 데에 반기를 든 이들이 나타났다. 학생과 주부 등 평범한 50여 명의 시민들이었다.

재미있게도, 이들 티파티 운동에서의 'TEA'에는 "이미 세금을 충분히 냈어요!"Taxed Enough Already라는 뜻도 함축되어 있다. 티파티 운동은 티룸이나 카페에서 만나 차를 마시며 움직이지 않는다. 그들은 주로 온라인의 트위터나 페이스북에서 활동한다. 티파티 운동은 '작은 정부'를 원한다. 그 아래 정부의 건전한 재정 운용, 세금 인하, 각 주별 권한 강화, 강력한 국가 안보 등 보수적인 가치를 내걸고 있다. 또 초선 당시 오바마 대통령의 최대 과제였던 전 국민 의료보험 확대에도 반대하는 쪽이다.

이런 '티파티'의 활동을 견제하기 위해 등장한 것이 '커피파티'다. 커피와 차는 생김과 색깔, 마시는 사람의 성향에서 서로 대조를 이룬다. 커피는 열매를, 차는 잎을 섭취한다. 커피 열매는 검붉고, 찻잎은 푸르다. 둘은 채취되는 지역도 다르고 향기 또한 전혀 다르다. 때문에 커피파티는 티파티와 정치적 지향점, 성격, 또 굳이 비교하자면 지지하는 정당 등이 다르다. 커피파티는 미국 사회와 정부가 기업과 돈 있는 사람의 입장만을 대변하는 것에 문제의식을 가지고 출발했다.

커피파티를 주창한 이는 놀랍게도 한국인이다. 애너벨 박은 한인 2세로 다큐멘터리 제작자이자 여성운동가다. 커피파티 운동의 시작과 활성화는 티파티와 마찬가지로 일반 대중이 주체가 돼 소셜미디어를 통해 이뤄졌다. 커피파티는 한창 기세를 올리던 티파티에 대한 비판의 글을 2010년 1월 애너벨 박이 페이스북에 올리면서 시작되었다. 2년 사이 41만 5천여 명이 참여할 정도로 그 열기가 뜨거웠다.

애너벨 박은 공화당과 민주당의 양당 구조에서 한쪽을 지지하는 것이 아니라 개인의 목소리가 정치에 반영되는 것이 커피파티 운동의 핵심이라고 말한다. 커피파티라는 이름이 단순히 티파티를 패러디한 것이 아니라는 것이다. 이들은 때에 따라 온라인 밖 커피숍에서 모임을 갖고 시민들의 정치 참여를 유도하기도 한다.

티파티와 커피파티는 공통적으로 18세기 중반 영국과 프랑스의 커피하우스와 카페를 연상시킨다. 당시 이곳은 새로운 정보를 교환하고 서로 대화가 오가는 '사교의 장', '토론의 장'이었다. 영국에서 커피하우스는 정치적인 합의를 도모하는 것은 물론, 뜨거운 차와 커피를 들이키는 동안 과학과 문학, 금융의 씨앗이 열매를 맺은 장소였다.

프랑스의 경우에도 카페는 계몽의 산실로 프랑스혁명을 일으킨 동력의 발판이었다. 프랑스 역사가 쥘 미슐레는 "카페에 매일 모였던 사람들은 자신들이 마시던 검은 음료에서 혁명의 해가 밝아오는 것을 보았다"고 기록했다.

티파티를 하든 커피파티를 하든, 정치가 파티처럼 흥겨워지는 날이 올까. 2012년, 대선을 앞두고 버락 오바마와 미트 롬니가 설전을 벌이고 있었다. 한 카페에서는 일회용 종이컵에 각각 후보의 이름을 새겨넣고는 지지하는 후보의 컵을 손님이 선택하도록 했다.

사람들은 한 손에 자신이 응원하는 후보의 컵을 들고는 웃으며 카페 문을 나섰다. 컵을 든 사람은 스쳐 지나가는 사람들에게 지지하는 후보를 자연스레 홍보할 수 있다. 기억해야 할 역사가 있어서일까. 대선의 홍보 도구로 이용될 정도로 오늘날 미국인들은 차보다는 커피를 유난히 더 좋아한다.

Tea Addict

홍차 중독자

미식

영국인들은 정말 익사할 정도로

차를 많이 마셔왔다.

또 이들은 스스로를 '차 중독자'라고

말하는 데 머뭇거리지 않는다.

1990년대 초 조사에 따르면,

미국인 한 사람이 1년 동안

400잔의 홍차를 마셨고, 러시아인이 275잔을,

독일인이 36잔을 마신 데 비해

영국인은 2,000잔을 마셨다고 한다.

최근 BBC는 영국인이 하루에 마시는 차의

총량이 대략 1억 2만 잔이라고 보도했다.

요리와 요리사

대표 요리 없는, 세계적인 요리사들의 나라가 되다

"영국 식탁에는 테이블 세팅과 매너뿐!"이런 악의적인 농담은 늘 영국 요리에 꼬리표처럼 따라 붙는다. 프랑스 사람들은 영국 음식을 가리켜 '혀에 대한 테러'라며 비아냥거리기까지 한다.

단순함을 넘어 건조함을 강요하는 영국 요리

영국 요리에 관한 여러 일화가 있지만 버나드 콘웰의 '리처드 샤프 시리즈' 속『샤프의 적』*Sharpe's Enemy*에 나오는 이야기는 음식에 대한 두 나라의 차이를 극단적으로 보여준다. 제2차 세계대전 중 프랑스 듀브레통 대령과 영국 샤프 소령이 토끼 요리를 두고 나누는 대화다.

듀브레통 대령이 말했다.

"먼저 토끼의 살을 뼈에서 발라내서 올리브유와 식초, 와인에 하루 종일 재어놔야 해. 거기에다 마늘, 소금, 후추, 그리고 혹시 구할 수 있다면 노간주 열매를 한 줌 집어넣으면 좋지. 피하고 간은 따로 보관했다가 갈아서 죽처럼 만들어야 한다네. 하루 지난 뒤에 발라놓은 고기를 버터와 베이컨 기름에 약하게 익혀서 갈색을 만들어놓지. 팬에 밀가루를 조금 넣고, 앞서 준비한 모든 재료를 소스에 넣는 거야. 거기에 와인을 좀더 붓고, 따로 갈아두었던 피와 간을 집어넣어. 그런 후에 끓이는 거야. 접시에 내놓기 직전에 올리브유를 한 스푼 넣으면 더 맛이 좋지."

그러자 샤프 소령이 말했다.

"우리는 그냥 토끼를 잘라서 물에 끓여 소금 쳐서 먹는데요."

영국 요리는 정말 최악인 걸까? 그나마 베이컨, 달걀, 소시지, 토마토, 버섯, 감자 그리고 때에 따라 훈제 청어, 블랙 푸딩Black Pudding, 다량의 쇠기름과 돼지 피, 귀리, 양파, 각종 향신료를 넣어 만든 소시지, 캐저리Kedgeree, 각종 인도 향신료와 함께 달걀, 양파, 콩 따위로 지은 밥 등으로 차린 푸짐한 영국식 아침은 훌륭한 식사로 대우받지만, 전체적으로 영국 요리는 국제수준에 현저히 못 미친다.

오래 전부터 미식가들은 영국 요리를 무시해왔다. 삶은 양배추, 푹 익힌 소고기, 대포알같이 생긴 푸딩 등 세상에 영국 사람들이 망쳐놓지 않은 식재료는 하나도 없다고 투덜댄다. 1852년 장 생타로망이라는 학자는 이렇게 평했다.

영국인은 원래 비프스테이크와 플럼 푸딩Plum Pudding, 여러 가지 과일을 넣고 찐 푸딩을 잔뜩 먹는 대식가로, 마치 자신이 막 삼킨 가젤 때문에 거의 질식 상태에 있는 보아구렁이와 같다.

또 덧붙인다.

프랑스인에게 음식은 태양이자 좋은 날씨와 같으며 자연이 준 가장 귀한 선물이다. 영국인에게는 안개, 석탄, 플럼 푸딩, 우울, 파괴적인 병이다.

프랑스인들의 악담은 접어두고 영국인들의 입장은 어떤가. 모든 요리에는 그 나라의 역사와 환경이 녹아 있다. 날씨와 토양이 좋지 않아 프랑스나 남유럽처럼 식재료가 다양하지 못한 탓 외에도 영국인들이 요리에 애정이 미지근한 데에는 몇 가지 이유가 있다.

영국의 경우, 오랜 식민지 사업과 산업혁명이 진행되는 동안 전통요리가 사람들로부터 점점 잊혔다. 대신 식민지의 온갖 향신료와 새로운 요리가 영국으로 흘러들어왔다. 그래서 영국식 아침식사에 인도식 비빔밥이라고 할 수 있는 캐저리가 버젓이 들어가 있다. 또 주말마다 도심의 선술집을 순례하며 여흥을 즐기던 젊은이들이 출출해진 새벽녘에 찾는 음식도 다름 아닌 '제대로 된 인도식 카레'다.

2001년 전 외무부 장관 로빈 쿡은 치킨 티카 마살라를 '진정한 영국의 국민 음식'이라고 선언한다. 단순히 인기가 많아서가 아니라, 외부의 음식을 받아들여 어떻게 영국식으로 변화시켰는지 보여주는 완벽한 사례이기 때문이다.

검소한 청교도의 신앙적 유산을 가진 영국 사람들은 '음식은 육체를 움직이게 하는 최소한의 연료일 뿐'이라고 생각한다. 그래서 반쯤은 종교적 경외심을 가지고 '훌륭하고 단순한 요리'와 '정직하고 소박한 성찬'을 고집하는 지방이 아직도 많다. 이런 전통에 따르면 복잡하고 화려하며, 혀를 즐겁게 해주는 맛있는 요리는 훌륭하지도 정직하지도 않은 것이다.

시간과 공을 들여 탄생한 요리는 일종의 죄악으로 간주되기도 했다. 여왕 엘리자베스 2세도 향신료가 많이 들어간 것보다 간단한 요리를 좋아한다. 믿거나 말거나 여왕은 남은 음식도 데워 먹을 정도로 검소하다고 한다.

수백 년 전부터 영국 아이들은 "침묵은 금이다", "빈 수레가 요란하다", "그저 인생을 즐기려고 세상에 태어난 것은 아니다"라는 식의 훈계를 귀에 못이 박히도록 들으며 자랐다. 말과 행동에서, 먹는 음식에서도 끊임없이 지나침이 없도록 교육받았다.

찰스 디킨스의 소설 『올리버 트위스트』에서 구빈원 직원인 범블씨는 말한다.

"고기가 아닙니까, 아주머니. 계속 오트밀을 먹었더라면 이런 일은 절대 없었을 거예요."

범블 씨가 올리버의 난폭한 성미의 원인을 지적하는 이 대목은 찰스 디킨스가 살던 시대의 믿음을 보여준다. '채식주의'라는 말이 처음 만들어지기도 했던 이 시기 사람들은 육식이 아이들에게 폭력성을 분출하게끔 유도한다고 믿었다.

어떤 작가는 영국이 세계를 지배할 수 있었던 이유를 로스트비프소고기를 통째로 오븐에 구워 낸 영국의 대표적인 음식를 좋아하는 영국인들의 기호에서 찾기도 했다. 한때 마하트마 간디도 대부분 채식을 하는 인도 동포들에게 육식을 하면서 공격적인 성향을 가져야만 영국의 지배를 물리칠 수 있다고 역설했다.

오랜 전쟁과 산업화 등의 영향으로 식재료와 요리를 앞에 놓고 여유를 부릴 수 없었던 영국인들은 최대한 조리법을 단순화하고 요리의 종류도 간소화했다. 영국 요리는 '단순하게'가 기본 조리법이다. 삶거나, 오븐에 익히거나, 날것으로 먹는 것 중에 하나라고 해도 과언이 아니다. 소스를 만들거나 양념을 하는 과정이 거의 없어서 손맛이 들어가지 않은 단순한 요리가 주를 이룬다. 입맛에 따라 소금이나 후추, 향신료 등을 치거나 넣어먹는 정도가 전부다.

요리 혁명가, 제이미 올리버

그렇다고 오늘날의 영국을 미각을 잃은 나라로 생각하는 것은

아브라함 보스, 「오감―미각」(Suite des Cinq Sens: Le Goût), 1635년경.

오산이다. 단순하다 못해 밍밍한 조리법으로 프랑스인을 기절시켰던 영국은 21세기에 와서는 사뭇 달라진 모습을 보이고 있다. 요리책이 베스트셀러 순위에 오르는 일이 비일비재하고, 매일 저녁 황금시간 때 텔레비전에서는 유명 요리사가 출연해 갖가지 요리를 소개한다. 지방 고유의 전통 요리는 있으나 누구나 인정하는 대표 요리가 없는 황무지에서 고군분투하는 영국 출신 요리사들 또한 세계인의 주목을 받고 있다.

너무나 유명한 나머지 이제는 친근한 이들을 보라. 학교 급식에 혁명을 몰고 온 제이미 올리버, 싱싱한 해산물 요리가 무엇인지 보여주는 릭 슈타인, 욕쟁이 요리사로 카리스마 넘치는 고든 램지, 영국 요리 역사상 가장 어린 나이로 '미슐랭 스타'의 칭호를 받은 게리 로즈는 명실공히 세계적인 요리사 들이다.

세계가 주목하는 것은 이들의 실력만이 아니다. 영국 요리사들의 힘은 음식산업과 사회운동을 함께 움직이는 데서 나온다. 이미 많이 알려졌지만, 특히 제이미 올리버와 릭 슈타인은 앞으로 또 어떤 일을 벌일지 궁금해지는 요리사다.

제이미 올리버는 축구선수 데이비드 베컴 정도의 인기 있는 영국인으로 꼽힐 정도로 세계적으로 유명하다. 그는 열여섯에 런던 웨스트민스터 케이터링 칼리지에 입학했으며, 2003년 영국 요리를 전 세계에 알린 공로를 인정받아 요리사로서는 최초로 대영제국훈장을 받았다.

요리를 통한 제이미 올리버의 사회운동은 신선함 그 자체다. 2002년 그는 사회에서 문제아로 낙인찍힌 열 다섯 명의 청소년에게 요리 훈련을 감행한다. 이 청소년들을 수습 요리사로 고용해 '피프틴'Fifteen이라는 식당도 열었다. 이들이 요리사가 되고 식당을 여는 과정은 방송사 채널4의 「제이미스 키친」Jamie's Kitchen 으로 전 세계 40여 개국에서 방영했다. 그리고 '피프틴'은 현재 런던에서 가장 성공한 식당 중 하나가 됐다.

제이미 올리버의 도전은 계속됐다. 이번엔 영국공립학교의 질 낮은 급식을 바꾸겠다고 도전했다. 그는 한 공립학교에 들어가 영양사를 자처하며 질 낮은 음식이 담긴 식판을 쓰레기통에 던져버린다. 대신 신선한 식재료로 만든 요리를 급식에 내놓았다. 하지만 아이들의 반감은 예상보다 컸다. 패스트푸드와 가공식품의 달고 짜고 자극적인 맛에 길들여진 아이들의 입맛을 돌려놓기란 쉽지 않았다.

제이미 올리버가 만든 음식은 절대 먹지 않겠다며 반대 피켓을 든 아이들도 나타났다. 점심시간이면 아이들은 학교 식당이 아닌 바깥 패스트푸드 가게 앞에 긴 줄을 섰다. 또 학교 담벼락은 제이미 올리버를 향한 온갖 욕설로 더럽혀졌다. 몇 개월간 요리사와 아이들 간의 싸움이 이어졌다. 그러나 제이미 올리버는 포기하지 않고 아이들과 그들의 입맛을 설득해갔다. 결국 아이들은 그의 건강식을 받아들였다. 아무리 정크푸드에 길들여진 아이들이라 할지라도 훌륭한 음식을 끝내 외면하기란 어려웠을 것이다.

제이미 올리버는 더 나아가 토니 블레어 총리 등 사회 유명인사들을 만나 학교급식에 관한 자신의 소신을 강하게 피력한다. 그 결과, 정부에서 8천만 파운드약 1,400억 원의 급식비 지원을 받아냈다. 이 급식 개혁의 파장은 영국 전역으로 퍼져갔다. 정부는 대대적으로 아이들의 식판에 오르는 정크푸드를 단속하기 시작했다. 그리고 이제 제이미 올리버의 음식 혁명은 영국뿐 아니라 세계를 대상으로 진행되고 있다.

제이미 올리버의 요리 철학은 '신선하고 좋은 재료로, 손쉽게 요리해서, 즐겁게 먹는 것'이다. 그가 요리하는 모습을 보고 있노라면 입가에 미소가 절로 지어진다. 대충 빗은 곱슬머리에 또 대충 걸친 셔츠 차림으로 식재료를 척척 손질하고 뚝딱 요리를 하는 모습이 너무나 소탈한 나머지 그가 유명인사라는 사실을 잊게 된다.

그의 투박한 행동은 보는 사람을 편하게 하는 매력이 있다. 또 요리를 하면서 자주 음식을 주섬주섬 주워 먹는데 그래서인지 매번 볼 때마다 살이 조금씩 더 붙은 느낌이다.

해산물 요리의 재발견, 릭 슈타인

제이미 올리버 다음으로 인상적인 영국 요리사는 릭 슈타인이다. 런던에서 여섯 시간 정도 차를 타고 가면 나오는 콘월의 패드스토 시市, 그는 인구 3천 5백여 명이 고작인 영국에서도 가장 가난한 지방 어촌인 이곳에서 태어났다. 그러나 현재 이 도시는 주말과 휴가철이면 유럽 일대에서, 심지어는 아시아에서 온 관광객들로 발 디딜 틈이 없을 정도로 유명한 고장이 되었다. 릭 슈타인의 식당에서 해산물 요리를 맛보기 위해 온 사람들이다.

릭 슈타인은 1970년경 옥스퍼드 대학교를 졸업하고 고향에서 나이트클럽을 운영했으나 도중에 그만둔다. 무슨 일을 할까 고민하던 그의 눈에 고향에서 잡히는 싱싱한 생선들이 들어온다. 당시까지만 해도 영국 내에서는 생선이 많이 소비되지 않았다. 피시 앤 칩스에 사용되는 대구와 가자미 정도가 유통됐는데, 자국에서 5퍼센트 정도만 소비되고, 나머지 95퍼센트의 생선은 유럽으로 팔려나갔다.

릭 슈타인은 새로운 생선 요리법을 들고 나왔다. 그의 요리 철칙은 고향 앞바다에서 건져 올린 싱싱한 해산물을 식탁에 올리는 것이었다. 그는 대구뿐 아니라 게와 가재를 잡기 위해 미끼로 사용하던 넙치를 비롯한 다양한 해산물을 프랑스와 이탈리아 등지의 요리법으로 조리해 해산물 요리의 신세계를 펼친다.

릭 슈타인의 식당이 유명세를 타면서 사람들은 생선을 점점 많이 먹게 되었고 콘월의 생선 주가도 올라갔다. 더불어 영국인의 단조로운 식습관에도 변화가 일어 영국 내 생선 소비량 역시 점점 늘어났다.

이제 패드스토 시는 가난하고 보잘것없는 작은 어촌이 아니라 세계인이 찾는 휴양지가 되었다. 관광객들은 신선한 해산물 요리를 맛보기도 하고, 지역 장인들이 만든 질 좋은 수산 식품을 다양하게 경험하기도 한다. 하지만 릭 슈타인의 요리를 맛보기 위해선 인내심이 꽤 필요하다. 예약을 하고도 1년 정도를 기다려야 하기 때문이다. 제이미 올리버의 레스토랑 '피프틴'도 첫 번째 지점은 런던에, 두 번째 지점은 이곳 콘월에 있다.

홍차 중독자

하루의 티타임, 많으면 많을수록 좋아라

의사조차도 차를 오해하던 때가 있었다. 차가 대중화되지 않았을 때, 차에 대한 비판의 수위도 높았지만 옹호도 꽤나 맹목적이었다. 많은 의사와 성직자, 박물학자 중에서도 차를 가장 맹신한 사람은 네덜란드 의사인 코르넬리스 데커였다.

티타임이 늘수록 행복한 사람들
1683년 그는 이런 주장을 편다.

열이 매우 높으며 잘 내려가지 않을 때 매일 차를 40잔에서 50잔 마시면 이를 치료할 수 있다. 특히 그중 20잔은 매우 진하고 쓰면 더 좋다. 최근 여러 환자에게서 효험을 봤으며, 이제

전에 사용했던 치료약은 사용하지 않게 되었다. 성별, 나이, 국적을 가리지 않고 차를 이용할 것을 권장한다.

여기에 더해 그는 차 마시는 횟수를 "시간에 상관없이 많이", 처음 8잔에서 10잔으로 시작해 "위장이 감당할 수 있을 때까지" 늘려나가기를 권유했다.

코르넬리스가 네덜란드의 동인도회사에서 뇌물을 받았다는 소문도 있었지만 이 의사의 권유를 가장 잘 실천한 사람들은 아마도 영국인일 것이다. 낮이고 밤이고 프랑스 사람들이 포도주잔을, 독일 사람들이 맥주잔을 기울일 때 영국인들은 엄청난 양의 차를 마셨다.

빅토리아 시대에는 그 어느 때보다 차에 맹목적으로 젖어든 사람들이 많았다. 찰스 디킨스는 『픽윅 페이퍼스』 *The Pickwick Papers*에서 당시 광경을 생생히 그리고 있다.

줄기차게 차를 마시는 사람들이 내 눈앞에서 점차 많아지고 있다. 여기 내 옆의 노부인은 거의 차 속에 익사할 지경이다.

영국인들은 정말 익사할 정도로 차를 많이 마셔왔다. 또 이들은 스스로를 '차 중독자'라고 말하는 데 머뭇거리지 않는다. 1990년대 초 조사에 따르면, 미국인 한 사람이 1년 동안 400잔의 홍차를

메리 카사트, 「오후의 차」(Tea), 1880.

마셨고, 러시아인이 275잔을, 독일인이 36잔을 마신 데 비해 영국인은 2,000잔을 마셨다고 한다. 최근 BBC는 영국인이 하루에 마시는 차의 총량이 대략 1억 2만 잔이라고 보도했다.

영국인들은 하루의 티타임이 잦으면 잦을수록 행복을 느낀다. 전 세계적으로 커피가 사람들의 생활 깊숙이 파고들었지만 영국인들에게 차, 특히 홍차는 여전히 특별한 존재다.

시간을 쪼개고 쪼개어 만든 티타임

차가 영국인들의 대표 음료가 되었던 빅토리아 시대부터 지금껏 내려오는 티타임은 대략 이렇다. 이른 아침 침대에서 마시는 얼리티Early Tea, 아침식사와 함께하는 브렉퍼스트티Breakfast Tea, 오전 일과 중에 일레븐스티Eleven's Tea, 오후에 간식과 즐기는 애프터눈티Afternoon Tea, 저녁식사 때 하이티High Tea, 저녁식사 후 느긋한 가운데 애프터디너티After Dinner Tea, 잠자리에 들기 전에 나이트티Night Tea 등이다. 횟수로 보나 그 양으로 보나 영국인에게 홍차는 막역한 일상의 친구다.

그렇지만 처음부터 홍차가 모든 영국인을 대상으로 한 음료는 아니었다. 1711년 '좋은 취미'를 위해 만들어진 신문『스펙테이터』는 창간사에서 "아침식사에서 버터를 바른 빵과 차를 즐기는 패셔너블한 가정"을 제1의 독자로 지목했다. 게걸스레 기름진 음식으로 배를 채우는 것이 아니라, 간소화된 식사와 이국의 음료를 즐길 줄 아는 세련된 상류층이 그들이었다.

홍차가 영국인들의 식탁을 완전히 장악하기 전, 상류층의 아침 식사는 비만과 고혈압 등을 부르는 전주곡이었다. 전통적인 영국 식 아침식사의 기본은 '푸짐함'에 있었다. 위에 부담을 주는 기름 진 육류와 생선은 물론이고, 아침부터 술을 마셨다. 그러다가 포르 투갈의 캐서린 공주가 영국의 찰스 2세와 결혼하면서 전한 홍차의 영향으로 상류층의 아침식사는 점점 가벼워진다. 육류는 토스트를 비롯한 빵으로, 술은 차, 커피, 초콜릿 등으로 대체되었다.

초기에 차를 즐긴 사람들은 상류층이었지만 결국 최대 수혜자 는 하류층이었다. 비교적 느긋한 아침을 맞이했던 상류층이나 시 골의 가정과 달리, 가족 모두가 각자의 일자리로 바삐 출근해야 하 는 도시 노동자의 가정에서는 시간을 들여 아침을 준비할 만한 여 유가 없었다.

이들은 아침식사를 간단히, 또 바로 기운을 차릴 수 있는 메뉴로 해결했다. 빵과 포리지Porridge, 오트밀에 우유 또는 물을 넣어 만든 죽, 감자 정도가 이들의 식사였다. 여기에 더해진 차갑고 딱딱한 빵의 식감 을 잊게끔 도와주는 뜨거운 차 한 잔은 큰 위안이 되었다. 그나마 도 집에서 식사를 하지 못하고 출근하는 노동자들은 노천에서 파 는 차 한 잔으로 아침을 대신했다.

한편, 하류층 노동자들이 출근을 서두를 즈음 느긋하게 일어나 얼리티를 마시는 상류층 자제와 마님 들도 있었다. 얼리티는 '베드

티'Bed Tea로도 불리는데, 침대에서 아직 일어나지 않은 부인을 위해 남편이 서비스하는 환상적인 차로 알려져 있다. 그만큼 영국 남자들이 다정하다는 얘기일 텐데 완전히 수긍하기는 어렵다. 영화나 드라마에서 상류층 마님이 잠옷 차림으로 침대에서 차나 간단한 식사를 드는 걸 볼 수 있는데, 거의 남편이 아닌 하녀의 손을 통해서다.

차를 좋아한다면 애프터눈티에 대한 환상에 젖을 만하다. 특히 다양한 티푸드는 티타임의 분위기를 한층 돋운다. 홍차와 함께 스콘, 샌드위치, 케이크, 비스킷 등을 기본으로 흔치 않은 특별식을 맛보는 경우도 있다. 드라마 「크랜포드」에서 마을의 대부호인 영부인 댁의 가든파티에 초대된 마을 여인들을 들뜨게 만든 특별식은 달콤한 아이스크림이었다. 이 시간만큼은 마음 놓고 단것을 먹는 게 허락됐다.

익히 알려진 대로 '애프터눈티'는 베드포드 제7대 공작부인 안나 마리아에게서 시작되었다. 점심 이후 저녁식사까지의 지루함과 출출함을 달래기 위해서였다. 19세기 말엽이 되자 거의 모든 계층의 영국인들은 오후 네 시를 기다리게 되었다. 이 시간은 그 어느 때보다 여유로운 풍경을 자아낸다. 직장에서는 일을 잠깐 멈추고 동료들과 담소를 나누며 긴장을 풀고, 가정에서는 손님을 초대해 정을 나눈다. 응접실뿐만 아니라 정원이나 야외에서 차를 마시기도 한다.

홍차 중독자

하지만 그 무엇보다도 획기적인 변화는 노동자들이 쉬는 시간에 차를 마시게 된 것이다. 일을 하다가 멈추고 휴식 시간에 차를 마시는 '티브레이크 타임' 아이디어는 1878년 농장주인 가랜드가 생각해냈다. 그전까지 농장의 인부들이 마시는 음료의 대부분은 술이었다. 가랜드는 아침 출근부터 퇴근할 때까지 인부들에게 차를 무제한 공급했다. 술이 아닌 차를 함께 마시면서 농장의 분위기가 좋아졌고 일의 능률도 올랐다. 그러자 이웃 농장주들도 일터에서 티브레이크 타임을 갖기 시작했다.

홍차는 성실한 노동력이 절실히 필요했던 공장주에게도 고마운 음료였다. 공장의 노동자들은 기계의 일부분처럼 움직이며 일해야 했고, 반복되는 노동으로 집중력이 떨어지기 일쑤였다. 차의 카페인 성분은 노동자들의 정신을 맑게 만들어주었다. 빠른 속도로 기계가 돌아가는 위험한 순간에 집중력을 올려주었으며, 지루한 노동에 긴장감을 주었다. 또 휴식 시간에 마시는 차는 혹독한 일터를 부드러운 분위기로 바꾸는 윤활제 역할도 톡톡히 했다.

공장의 노동자들도, 사무실의 직원들도, 상류층 마님이나 일하는 하인들도 오전과 오후에 하던 일을 잠시 접어두고 차를 마시며 휴식을 취했다. 티브레이크 타임이 전통으로 굳어지면서 20세기에는 직장에서 차를 제공하는 것이 노동자의 복지정책에 중요한 요소가 되기도 했다. 오늘날도 영국인들은 티브레이크 타임을 일하는 시간만큼이나 중요하게 여긴다.

제임스 티소, 「숨바꼭질」(Hide and Seek) 부분, 1880~1882.

'하이티'와 '로우티'

다양한 티타임 용어 가운데 의미를 알아채기 어려운 것이 '하이티'High Tea다. 하이티는 자칫 상류층에서 즐기는 티타임이라고 생각할 수도 있다. 하지만 사실은 그 반대다. 하이티는 산업혁명 시대에 서민들의 바빠진 일상이 늦은 귀가와 맞물려 생겨난 티타임이다. 애프터눈티가 상류층과 귀족들이 밤늦게 이뤄지는 화려한 만찬을 기다리는 동안 배고픔을 달래기 위해 생긴 것이라면, 하이티는 시골과 도시 노동자들 그리고 서민들이 하루 일을 마치고 집으로 돌아와 홍차와 더불어 칼로리가 높은 고기 등을 먹은 데서 유래됐다.

반면, 하이티의 반대 개념인 로우티Low Tea는 상류층에서 만들어졌다. 스낵과 핑거푸드Finger Food, 샌드위치와 같이 손으로 간단히 집어먹을 수 있는 음식와 함께 가벼이 먹는 차라는 의미에서 낮다는 뜻의 '로우'라는 단어를 사용했다. 또 티푸드가 응접실의 낮고 작은 티테이블에 차려지거나, 오후 늦은 시간의 티타임이라는 이유로도 붙여진 이름이다.

로우티가 상류층에 있어도 없어도 되는 가벼운 의미의 식사였다면, 하이티는 당시 산업화로 분주했던 영국 사회를 배경으로 자리를 잡은 티타임이다. 하류층의 육체 노동자들은 오후에 알량한 샌드위치나 먹으며 시간을 허비할 수 없었다. 그들은 공장과 광산, 들과 밭에서 해가 질 때까지 숨 가쁘게 일했다.

노동자들이 지친 몸을 이끌고 집으로 돌아와 식사를 준비했는데, 이것이 하이티였다. 하이티는 고칼로리의 고기군으로 이뤄진 식사여서 일명 미트티Meat Tea, 그레이트티Great Tea라고도 불렸다. 고기, 햄, 감자, 달걀, 치즈, 빵과 버터 등과 우유와 설탕을 듬뿍 넣은 홍차가 식탁으로 올라왔다. 이때의 식탁은 상류층의 티테이블보다 높았다.

중류층 이상의 경우 저녁식사 후에도 티타임이 이어졌다. 가족과 응접실에 모여 앉아 휴식을 취하며 도란도란 이야기꽃을 피우거나 초대한 손님들과 사교를 나누는 시간이면 어김없이 차가 등장했다. 남자들은 식당에서 담배를 피우거나 술을 마시기도 했고, 여자들은 응접실이나 휴게실에서 바느질이나 독서를 하거나 가벼운 담소를 즐겼다. 잠자리에 드는 순간까지도 찻잔을 손에서 놓지 않은 영국인에게 티타임은 행복을 느끼는 순간이었다.

샌드위치와 얼그레이

맛있는 이름 속에 더 맛있는 이야기가 숨어 있다

영국 사람들은 샌드위치를 좋아한다, 아주 좋아한다. 1년 동안 영국인들이 먹은 샌드위치를 한 줄로 세우면 지구에서 달까지 왕복하고도 남을 거리라고 한다. 특별한 재료와 방법으로 샌드위치를 만드는가 싶지만 그렇지도 않다. 햄과 치즈, 달걀과 토마토, 참치나 연어가 든 샌드위치는 우리가 흔히 먹는 것과 비슷하다.

샌드위치 백작의 생활 속 발견

특이하다면, 영국인들은 오이가 든 샌드위치를 좋아한다. 영화 「오만과 편견」에서 캐서린 부인 역의 주디 덴치는 외출한 후 집안으로 황급히 들어오면서 홍차와 함께 오이가 든 샌드위치를 달라고 거의 애원하다시피 한다.

격식을 갖춘 정통 애프터눈 티타임에는 한입에 넣을 수 있는 크기의 오이 샌드위치가 빠지지 않는다. 식빵 사이에 얇게 저민 오이와 연어, 햄, 치즈 등이 들어간다. 그러나 실은 정말 오이만, 살짝 간을 한 오이만 든 것이 정통 오이 샌드위치다. 이 단조롭기 그지없는 샌드위치에 영국인들이 집착하는 이유가 있다.

그 옛날, 오이가 영국에서는 나지 않아 구하기 힘든 시절이 있었다. 싱싱한 오이를 먹는 자체가 부유함의 상징이었다. 「오만과 편견」의 캐서린 부인 정도로 부자라야 먹을 수 있었다. 하지만 이것도 옛 이야기다. 영화 「윔블던」에서 주인공의 지인은 홍차와 함께 나온 샌드위치 속을 뒤적거리더니 "여기도 오이, 저기도 오이! 이게 말이 돼?"라고 한다. 결국 그는 오이로만 채워진 샌드위치를 거의 내동댕이친다. 오이는 더 이상 비싸지도 귀하지도 않은 신세가 되어버렸다.

잘 알려진 대로 샌드위치는 도박에 빠져 있던 영국의 한 백작이 만들었다. 누구나 시간에 쫓기거나 귀찮을 때 자기만의 방식으로 빠르게 단품요리 하나쯤은 만들 수 있듯이 샌드위치도 순전히 그렇게 탄생했다.

1762년, 존 몬터규 샌드위치1718~92 백작은 그날도 도박을 하느라 끼니를 놓쳤다. 배가 고파 급한 김에 하인에게 빵 사이에 로스트비프를 끼워오라고 했다. 손에 카드를 들고 있어서 양손을 쓰며 구운 소고기 덩이를 잘라먹을 수 없었기 때문이다. 기막힌 방법이었다. 소고기가 빵 사이에 들어가 있으니 먹을 때 기름이 손에 묻지 않았다. 덕분에 그는 쉬지 않고 게임을 계속할 수 있었다.

이후 샌드위치는 사람들의 입소문을 타기 시작한다. 이 즉석 요리는 고기 외에는 빵 안에 든 게 없어 험블 샌드위치Humble Sandwich, 초라한 샌드위치라고도 불렸다. 1772년 피에르 장 그로슬리라는 프랑스 작가가 쓴 『런던 여행』*A Tour to London*에 "샌드위치라는 말이 근래에 쓰이기 시작했다"고 한 것을 보면 그 무렵 백작의 샌드위치는 런던에서 상당히 알려진 것으로 보인다. 현재 백작의 가문은 11대를 이어 런던에서 '샌드위치 백작'The Earl of Sandwich 가게를 운영하고 있다. 가게의 간판 엠블럼에는 백작의 얼굴이 새겨져 있다.

생활 속 불편함 때문에 우연히 만들어진 샌드위치. 백작은 당시에도 그 인기에 어리둥절했겠지만 오늘날 우리의 모습을 본다면 더욱 놀라지 않을까. 샌드위치는 전 세계인의 바쁜 출근길 동반자이며, 혼자 먹어도 민망하지 않은 점심식사다. 또 한 손에는 휴대폰 다른 손에는 샌드위치를 들고 충분히 먹을 수 있는, 현대인의 주식이자 간식이 되었다.

얼그레이 백작의 은밀한 사생활

홍차에 대해 잘 모르는 사람도 '얼그레이'라는 홍차 이름을 한 번쯤 들어본 적이 있을 것이다. 영국에서 백작을 '얼'Earl이라 부른다. 샌드위치 백작의 경우처럼 얼그레이는 그레이 백작을 일컫는 말이다. 그레이 백작의 정식 이름은 찰스 그레이Charles Grey, 2nd Earl of Grey, 1764~1845다.

런던의 초상화 박물관에는 제1대 그레이 백작의 모습을 그린 작품이 일곱 점 소장되어 있다. 이에 반해 제2대 그레이 백작의 그림은 단순한 초상화에서부터 일상적인 모습, 우스꽝스럽게 그려진 풍자화 등 그 작품 수가 160여 점에 이른다. 군중 속에서도 백작의 모습은 유난히 눈에 띈다. 백작을 이렇게 도드라지게 표현한 이유는 그가 영국 수상 등을 지내면서 이룬 업적이 눈부셨기 때문이다.

찰스 그레이는 이튼 스쿨과 케임브리지 대학교를 나와 1786년 스물두 살의 젊은 나이로 하원의원이 되었다. 이어 해군성장관, 외무장관, 하원의장을 거쳐 1830년에는 수상의 자리에 올랐다. 수상이 된 후 굵직굵직한 일들을 많이 했지만 영국 민주주의의 포문을 열었다는 점에서 중요한 인물이다.

그는 진보적인 휘그당 안에서도 급진파였다. 그러나 당내의 반대파는 물론 야당인 토리당 인물을 내각에 영입해 정국을 안정시켰다. 참정권도 확대했다. 국교인 성공회 교도들만 국회의원이 될 수 있었던 법을 없애고 가톨릭 교도들도 의회에 진출할 수 있도록 힘썼다. 자신도 귀족이었지만 왕족과 귀족의 권한을 크게 축소시키고 중류층에 선거권을 부여해 대표를 내세울 수 있도록 했다.

이뿐만이 아니었다. 백작은 당시 면직공장의 열악한 환경에서 땅거지처럼 일하는 어린아이들을 외면하지 않고 9세 이하 아동의 고용을 금했다. 또 식민지 확장으로 팽창해가던 대영제국의 노예제도를 궁극적으로 폐지하는 데에도 목소리를 높였다. 노예제도를 폐지해 75만 노예를 해방한 선언은 미국의 남북전쟁과 노예해방에 영향을 미쳤다. 그의 업적인 정치개혁과 빈민복지, 노예해방은 19세기 영국의 진정한 전성기를 열었다는 평가를 받았다.

백작의 업적을 보면 굉장한 정력가로 체격이 우람할 것 같지만 실제로는 그 반대다. 초상화를 보면 대머리지만 온화한 얼굴에 호리호리한 몸매를 가진 미남이다. 정치가라기보다는 시인이나 음악가에 가깝다. 이런 그가 수상이 되기 전 사교계의 여왕이었던 유부녀와 스캔들을 일으켰던 장본인이라는 사실은 의외다. 당시 백작은 신출내기 정치가였고, 상대 여성은 대중들도 우러러보는 유명인이었다.

찰스 그레이의 여인은 바로 조지아나 스펜서1757~1806였다. 그녀는 영국 귀족 가문인 스펜서 집안의 딸로 데번셔 공작인 캐번디시 가의 안주인이었다. 세상을 떠들썩하게 했던 이들의 로맨스는 영화 「공작부인: 세기의 스캔들」에서 흥미진진하게 그리고 있다. 영화는 막 정치계에 발을 내디딘 혈기왕성한 찰스보다는 조지아나의 삶에 더 초점을 맞추고 있다. 그만큼 그녀의 삶은 화려했고, 화려한 만큼 파란만장했다.

조지아나는 세기의 팔방미인이었다. 정치는 물론 다방면에 식견이 높아 사교계에서 추앙을 받았다. 남자를 발 아래 둘 정도로 뛰어난 화술을 자랑했고, 시대를 앞선 독창적인 헤어스타일과 패션으로 당시 여성들의 질투와 부러움을 한몸에 받았다. 언론과 기자들, 풍자화가 들은 파파라치를 자처하며 그녀의 일거수일투족을 세간에 전했다. 18세기 영국을 대표하는 화가 토머스 게인즈버러도 조지아나의 초상화를 세 점 그렸다. 그중 가장 유명한 것이 프랑스풍 모자를 쓰고 장미를 든 「데번셔 공작부인」이다. 그림 속 그녀는 당당하고 아름답다.

하지만 세기의 결혼으로 주목받았던 조지아나의 결혼생활은 형편없었다. 엄청난 부와 명예에도 불구하고 남편의 무관심과 외도로 그녀는 절망했다. 그녀는 사랑 없는 결혼생활의 무료함을 사교계와 정치계에서의 활동으로 해소하려 했다.

그러다 조지아나는 젊고 패기 넘치는 정치가 찰스 그레이를 만난다. 열정적인 모습에 반한 조지아나는 그를 후원하게 되고 둘은 은밀한 사랑을 키워간다. 결국 이 스캔들은 곧 영국 전역에 알려지고 사교계에도 큰 파장이 일었다. 둘 사이에 딸이 태어났으나 사회적 통념의 벽을 넘지 못하고 이들의 사랑은 끝이 난다.

조지아나가 죽고 70년이 흐른 1876년, 전혀 엉뚱한 사건으로 그녀는 또다시 세간에 화제가 되었다. 런던 내셔널 갤러리에 소장되어 있던 그림 한 점이 도난을 당했는데, 바로 토머스 게인즈버러

토머스 게인즈버러, 「데번셔 공작부인」(Lady Georgiana Cavendish), 1787.

의 「데번셔 공작부인」이었다. 당시 그림은 1만 파운드오늘날 가치로 환산하면 약 10억 원의 고가였으며, 유력한 용의자로 지목된 사람은 애덤 워스였다. 그는 미국의 전설적인 금고털이범으로, 셜록 홈즈의 숙적이자 최고의 악당인 모리어티 교수의 모티브가 된 인물이기도 하다.

사실 애덤 워스는 그림에는 전혀 관심이 없는 문외한이었다. 그런데 동생이 수표위조 혐의로 감옥에 들어가자 그를 빼내기 위한 자금이 필요했고 우연히 이 그림의 값어치를 알고 훔쳤던 것이다. 그러나 동생은 그가 손을 쓰기도 전에 감옥에서 풀려났고, 그림은 아무 쓸모가 없게 되었다. 어느 날, 애덤 워스는 그림 속의 데번셔 공작부인을 찬찬히 보게 된다. 그리고 과거 자신이 열렬히 사랑했으나 다른 남자에게 빼앗겼던 여인을 떠올렸다.

그때부터 25년간 그는 이 그림을 품고 살다시피 했다. 여행을 갈 때도 챙겨 갈 정도였다. 그는 결혼 후에도 그림을 비밀 창고에 숨겨두었다. 그러다 돌연히 그림을 반환할 마음을 먹고 그동안 자신을 추적해왔던 사립탐정에게 그림을 넘긴다. 이 초상화는 1994년 런던 소더비 경매를 통해 세상에 나왔으며, 현재 데번셔 가문에서 보관하고 있다. 세기의 미인 조지아나는 살아서도 죽어서도 화제를 몰고 다니는 여성이었다.

기대와는 달리 찰스와 조지아나는 함께 얼그레이 홍차를 마시지는 못했다. 1806년 조지아나는 간종양을 앓다가 48세의 나이로 죽음을 맞았다. 바로 그해, 해군대신으로 근무하던 찰스는 중국에 파견된 사절단에게 차를 선물받았다. 그 차는 우이산의 홍차, 정산소종이었다. 그는 이 차에 반해 런던에 있는 차 상인에게 주문했다. 당시 영국에 유입된 정산소종은 그 수량이 적어 구하기가 어려웠다. 차 상인은 이를 대신해 지금의 얼그레이 홍차로 블렌딩했다.

얼그레이는 현재 거의 모든 홍차 회사에서 판매할 정도로 유명하다. 홍차 맛에 눈을 뜰 때 꼭 마시게 되는 차로도 잘 알려져 있다. 샌드위치와 얼그레이, 우연히 세상에 나온 두 가지 먹거리는 "영국 요리는 최악"이라는 평가에 대적할 만한 편리함과 다양함, 그리고 흥미진진한 뒷얘기를 가지고 있다.

신사의 식탁

프랑스인은 요리를, 영국인은 매너를 연구한다

프랑스는 '미식의 나라'가 분명하다. 2010년 11월, '프랑스식 식사 문화'가 유네스코가 선정하는 세계무형문화유산에 등재되었다. 신선한 충격이었다. 완성된 요리가 아닌, 식사 과정이 문화유산이 될 수 있다는 생각을 한 번도 해보지 않은 탓이다. 프랑스 외에 그리스와 멕시코의 전통 요리도 함께 등재되는 영광을 안았다. 당시 '사라질 위기에 처한 보존할 가치가 있는 유산' 선정에서 51개 후보 중 최대 화제가 된 나라는 프랑스였다.

프랑스의 요리, 영국인의 식사

프랑스가 제출한 문화유산은 '프랑스 사람들의 아름다운 식사' The Gastronomic Meal of French였다. 프랑스 정부는 신청 이유를 적는

난에 이렇게 기재했다.

> 프랑스인의 95.2퍼센트가 프랑스식 식사가 자신의 전통과 정체성에 중요한 부분을 차지한다고 믿습니다. 프랑스인들은 함께 식사를 하며 '맛'이라는 즐거움을 나누기를 좋아합니다.

세계 어느 민족보다 느긋한 식사를 즐기는 프랑스인들. 그들은 식사가 단순히 끼니나 때우는 양분 섭취가 아닌, 하나의 문화이자 예술임을 온 세계에 증명해 보였다. 이 소식에 제일 놀랐거나 또 배 아픈 나라가 있다면 아마도 영국일 것이다. 프랑스와 영국은 역사적으로 거의 매 순간 경쟁 구도를 걸었다. 문화와 예술이라면 영국도 프랑스에 못지않은 찬란한 유산을 가졌지만 요리에서만큼은 할 말이 없다.

역사가 스티븐 메넬은 오늘날 프랑스 요리가 세계 미식가들의 입맛을 자극하게 된 것은 루이 14세로부터 비롯되었다고 말한다. 루이 14세는 반역의 조짐을 보이는 귀족들을 감시하기 위해 그들에게 베르사유 궁전에서 살라고 명령했다. 입맛 까다로운 여러 귀족을 만족시키기 위해 한 무리의 퀴지니에요리사, 파티시에제과사, 블랑제제빵사, 소믈리에포도주 감정가 들이 열띤 경쟁을 벌였다. 결과적으로 궁전은 식도락의 온상이 되었다.

반면에 영국의 귀족들에게는 이런 기회가 없었다. 이들은 각자 자신의 영토 안에서 생활했고, 그 일상은 무미건조한 음식들로 채워졌을 뿐이었다.

미식을 얘기할 때 꼭 언급되는 앙텔름 브리야사바랭의 『맛의 생리학』*La Physiologie du Gout*에 이런 구절이 있다.

무엇을 먹고 있는가 말해보라. 그대의 사람됨을 맞혀보리라.

맛있는 음식을 몇 시간이고 대화를 하며 먹는 즐거움에 푹 빠져 살아가는 프랑스인과는 달리, 청교도의 나라에서 과묵함과 검소함을 온몸으로 실천하며 살아가는 영국인에게 식사는 배고픔을 달래는 정도에서 그쳐야 했다. 넘치게 요란하고 복잡한 것은 영국적인 것과 거리가 멀다. 요리도 마찬가지다. 열정적으로 요리를 한다거나 또 그것을 먹는 것에 애착을 가지는 것은 전혀 영국스러운 습성이 아니다.

로버트 캠벨의 『런던상인』*The London Tradesman*에는 당시 줏대 없이 요란한 프랑스 요리에 물들어가는 영국을 개탄한 내용이 있다.

훌륭한 엘리자베스 여왕 시절, 거대한 로스트비프가 영국인의 음식이었던 시절에 우리의 요리는 우리의 예의범절만큼이나 꾸밈없고 소박했다. 그때는 학문도 특수 기술도 없었고, 우리의 위대한 권력자들의 입맛을 즐겁게 해주기 위해 마법도 필요치 않았다. 그런데 최근 몇 넌간 우리는 그런 소박한 미각에서 벗어나 스스로 복잡한 맛에 물들어 프랑스 스타일로 만든 고기와 음료에 혀를 길들였다.

근사한 요리보다 더 근사한 매너

어쨌거나, 1949년 조지 마이크는 "유럽 대륙 사람들은 좋은 음식을 가지고 있고, 영국 사람들은 좋은 테이블 매너를 가지고 있다"는 꽤나 위로가 되는 말을 남겼다. 그나마 다행인지, 더더욱 불행인지 영국에는 근사한 요리가 없는 대신 이 근사한 요리를 우아하게 소화할 수 있는 식사 예절이 있다. 오랫동안 영국인들은 요리 자체보다는 요리를 먹을 때의 규칙을 만드는 데 더 많은 시간을 쏟아왔다.

영국식 예법은 프랑스를 비롯한 유럽에서 600년 동안 전해온 예법 가운데 그 정수를 뽑아서 강화시킨 것이다. 길을 걸을 때 어느 쪽에 서야 하는지, 인사를 할 때 고개와 몸은 어떻게 해야 하는지, 모자를 벗고 부채를 부치는 법, 옷과 신발을 입고 신는 법, 손에 입을 맞추는 법 등의 에티켓을 만들었다. 이런 셀 수도 없이 많은 가짓수의 예법이 영국 중산층에서 널리 알려졌다.

특히 우아하고 절제 있는 몸가짐은 여성의 의무였다. 영국 귀부인들은 어떤 상황에서도 우아함과 균형감을 잃지 않으며 또 깨끗함을 유지해야 했다. 소도시나 시골에서 도보로 외출할 때는 몸가짐을 더욱 조신하게 했다. 『오만과 편견』의 엘리자베스는 언니 제인을 만나기 위해 진흙투성이 길을 걷다 신발이 엉망이 된다. 빙리의 집에 도착했을 때 그녀는 그 댁 사람들의 따가운 눈초리를 받아야 했다. 예의를 아는 여성이라면 절대 그런 행동을 하지 않기 때문이다.

예법을 익히는 일은 아이들도 예외가 아니었다. 특히 빅토리아 시대에는 아이들에게 잔인할 정도로 예법을 강요했다. 『만들어진 아동』의 저자 조셉 조네이도는 이 시대 영국의 부모와 아동은 식민주의자와 원주민의 관계와 똑같았다고 지적한다. 덧붙여 1834년에 발표된 제이콥 애벗 목사의 『존경받는 부모의 자녀교육』에 나온 글을 소개하는데, 그 내용이 부모와 아이의 관계라기보다는 지배문화의 이데올로기를 연상시킨다.

부모를 존경하도록 자식을 교육하려면 무엇보다도 부모의 권위에 관한 한 한없는 무조건적인 온전한 복종을 받아내야만 한다. 아이에게 반드시 가르쳐야 할 주요한 첫 교훈은 바로 '복종하기'와 '순종하기'다. 아이를 제압하는 방법은 아주 다양하다. 무슨 수를 써서라도 제압해야 한다. 부모가 하라고 한 일은 하고, 하지 말라고 한 일은 하지 않게끔 단단히 길들여야 한다. 아이가 그 이유를 알아서가 아니라, 부모가 명령하고 금하기 때문이다. 다시 말해, 부모의 이성적 사고에 대한 복종이 아닌, 부모의 권위에 대한 복종이 필요하다.

당시 영국에서는 어른과 아이를 분명히 구분 지었다. 아이들이 늦은 시각까지 어른들과 어울리는 일은 있을 수 없었다. 어른의 일에 시끄럽게 참견을 하는 것도, 떼를 쓰는 것도 결코 용납되지 않았다. 대부분의 부모들은 아이를 때릴 일이 있을 때 절대 타인의 눈에 띄지 않게 빠르고 혹독하게, 또 조용히 했다.

빅토리아 시대 아동문학의 대표작인 『이상한 나라의 앨리스』의 제6장에는 앨리스가 우는 아이를 달래는 부분이 있다.

앨리스는 우는 아이에게 말한다.

"꿀꿀거리지 마. 그런 식으로 말하는 건 제대로 된 방법이 아니야."

그녀는 아기를 얼른 달래기보다는 예절과 순종을 가르치는 '어른'처럼 진지하게 말한다.

"네가 돼지로 변한다면, 난 너에게 더 이상 아무것도 해줄 수 없어. 명심해!"

상류층일수록 아이들에게 더 엄했다. 귀족의 자녀들은 대부분의 시간을 보모나 하인들과 보냈다. 하루 중 부모와 보내는 시간은 한두 시간에 불과했다. 아이들은 특정한 시간, 즉 티타임에만 부모와 있을 수 있었다.

영국 아이들은 음식을 주문하거나 받을 때 "부탁합니다"와 "감사합니다"를 말하도록 배운다. 오늘날에도 부모에게 끊임없이 상대와 상황에 따라 어떤 예절이 필요한지 귀가 따갑도록 들으며 자

미셸 바르텔레미 올리비에, 「1764년 성당 기사단 궁전의 네 개의 거울 방에서 열린 영국식 티타임」(Le Thé à l'anglaise servi dans le salon des Quatre-Glaces au palais du Temple à Paris en 1764) 부분, 18세기.

란다. 길을 걷다 옷깃만 살짝 스쳐도 "죄송합니다"라는 말이 자동으로 툭 튀어나오는 영국인들의 말버릇은 어릴 때부터 그렇게 훈육받아 입에 뱄기 때문이다.

남의 집을 방문해 머무는 시간은 단 15분

빅토리아 시대에 상류층은 식사 모임도 많았고 티파티도 흔했다. 이런 자리는 영국식 예법이 얼마나 무뚝뚝하고 엄격한지 보여주는 시간이었다. 상류사회의 식사 예절을 다룬 『상류사회의 관습』을 비롯해 1860년대에 발간된 요리책과 가정관리 지침서는 상황에 따른 예절을 세심하게 알려주고 있다.

티파티는 어떻게 준비하고 어떤 음식을 제공해야 하는지, 하인의 역할은 무엇이며 가구를 어디에 배치해야 하는지, 무슨 옷을 입어야 하고 파티 순서를 어떻게 정하는지, 음식 쟁반은 어떻게 차리고 손님 접대는 어디에서 할 것인지, 또 손님들은 언제 오고 또 떠나게 할 것인지 등을 조목조목 짚어놓았다.

영국인들에게 차 마시는 시간은 친분을 쌓는 동시에 인격과 예의를 평가받는 자리였다. 차를 준비하는 일은 명예로운 것이어서 아무나 할 수 없었다. 보통은 파티를 주최한 집의 여주인과 장녀가, 사교모임에서는 혼인한 여성이 차를 준비했다. 어린아이들은 소꿉 도구로 티파티를 따라 하며 어른들의 티파티 예절을 익혔다.

격식을 갖춘 티파티에 '초대장 보내기'는 기본이었다. 1880년대 후반까지도 상류층은 흰색의 단순한 '앳 홈'At Home 카드를 발행했다. 카드 오른쪽 면에는 파티에 준비돼 있는 홍차, 샴페인, 칵테일 등의 음료 종류와 입고 올 의상 스타일이 쓰여 있다. 초대에 응하든 거절하든 답장을 주는 것도 중요한 매너였다. 참석하지 못할 때는 그 이유를 써서 초대장을 돌려보냈다.

영국의 예법에서 '배려'는 가장 큰 자리를 차지한다. 다르게 말하면 폐를 끼치지 않는 것이 매너의 기본이다. 다른 사람의 집을 잠깐 방문할 때에도 때에 따른 예의가 필요하다. 친지로서 방문하는 경우, 기념할 만한 일이 있는 경우, 축하나 문상을 하는 경우 등 상황에 따라 차려야 할 예절이 있었다.

점심식사가 끝나고 방문객을 맞이하는 것이 보통이었다. 오래 머무는 것도 실례다. 방문 중에 다른 사람이 찾아와서 기다릴 경우에는 빨리 자리를 비워줘야 한다. 그렇다고 급하게 자리를 떠나는 인상을 주어서도 안 된다.

드라마 「크랜포드」에서도 다른 집을 방문하는 시간과 방문객이 머무는 시간에 대해 철저하게 예절을 지키는 빅토리아 시대 사람들의 모습을 볼 수 있다. 방문 시간은 오후 12시에서 3시까지, 머무는 시간은 단 15분이다. 시계를 자주 쳐다보는 것은 실례지만, 드라마에서는 주인도 방문객도 시계를 계속 응시하면서 기어코 15분을 지킨다.

케이트 폭스는 19세기를 '지나치게 요란하고 치장된 식탁의 시대'라며 일침을 놓았다. 이 시대의 식사는 한마디로 '크나큰 시련' 이었다. 표현하기 힘들 정도로 많은 규범과 지켜야 할 세부사항 때문에 사람들은 식탁에서 자연스럽지 못했다. 규칙이 필요 이상으로 많아 도리어 우스꽝스러운 상황을 연출하기도 했다.

당시 누군가가 집을 방문하면 여기에 꼭 답례 방문을 해야 했다. 이를 어기는 것은 방문자에 대한 모욕이었다. 그렇다보니 오후 내내 방문자의 꽁무니를 따라 서로의 집을 뱅뱅 도는 웃지 못할 일이 일어나기도 했다. 지켜야 할 예법이 유난히 복잡하고 많았던 이 시대 사람들은 꽤나 피곤한 일상을 살았다.

영국 음식은 맛이 없기로 유명하다. 때문에 음식점 여기저기서 손님들에게 "요리가 영 맛이 없다"는 볼멘 목소리가 자주 들릴 것 같다. 하지만 실제로는 그렇지 않다. 음식을 먹는 동안 종업원들이 "Is everything OK?"라고 물어오면, 영국인들은 정말 죽을 맛일지라도 입가에 미소를 지으며 나지막한 소리로 "OK"라고 답한다.

보통의 영국인들은 불만을 대놓고 얘기하는 대신 다시는 그곳에 발을 들여놓지 않는 것으로 그 식당을 응징한다. 문득, 대놓고 흠담을 하거나 불평을 말하지 않는 영국의 관습이 이 나라의 음식 수준을 떨어뜨린 건 아닐까 하는 생각이 든다. 아니면, 이들은 '미식의 나라' 보다 '신사의 나라'가 더 마음에 들었는지도.

재스퍼 웨어

웨지우드를 가진다면 여왕이 부럽지 않지!

1834년, 런던의 한 신문에 실린 글이다.

우리는 홍차를 고맙게 여기게 되었다. 어느 날 갑자기 동양의 끝에 위치한 미지의 세계에서, 우리의 풍속과는 전혀 상관없는 국민이 우리네 아침 마실 거리의 모습을 바꿔놓은 가정적인 습관을 가져다준 것은 기묘한 일이다. 맥주나 고기, 포도주 대신에 잉글랜드의 모든 곳에서 중국차를 마시고 기묘한 풍경을 묘사한 자기를 갖고 있으니 참으로 기이하다. 둥글고 매끄럽고 색채가 풍부한, 작은 홍차 다완—아침에 마시는 잔은 크지만—의 풍경은 즐겁고 풍요로운 기분을 자아낸다. 미묘한 흙으로 만든 찻잔은 마치 대지처럼 꽃이나 새, 사람을 묘사하고 있다.

중국 도자기에 열병을 앓는 유럽 귀족들

갑자기 "잉글랜드 모든 곳에서 중국차를 마시는" 기이한 일이 펼쳐졌다. 부시맨 앞에 콜라병이 뚝 떨어진 것과 같았다. 처음에 영국인들은 차도 다기도 다루는 법이 미숙했다. 중국인들이 그 모습을 직접 보았다면 아마도 포복절도했을 것이다. 차에 무지한 까닭에 한동안 우려낸 차액은 버리고 찻잎을 소금과 버터에 발라먹었다.

다기를 다루는 일은 더욱 난감했다. 영국인들은 찻잔이 아닌 받침 접시에 차를 부어 호호 불어가며 마셨다. 티스푼을 내려놓는 자리가 찻잔인 줄 안 것이다. 찻잔에 우유를 먼저 두르고 뜨거운 차를 붓기도 했다. 영국에서는 차를 뜨겁게 마셨기 때문에 행여 찻잔이 깨지지는 않을까 하는 염려에서다. 차와 차 도구를 두고 한동안 이런 우스운 일이 벌어졌다.

영국을 비롯한 유럽인들에게 동양은 먼 거리만큼이나 신비롭고 매력적인 것들로 가득한 곳이었다. 중국이 특히 그랬다. 1602년 네덜란드를 시작으로 영국과 프랑스 등에서 동양에 독점 무역권을 행사할 동인도회사가 출범한다. 중국과 유럽 간에 무역이 활발해지면서 향신료와 실내 장식품, 실크 등 다양한 문물이 들어오자 유럽 전역에 '중국 취향'이 유행한다. 일명 '시누아즈리'Chinoiserie 라고 불리는 이 중국 열병은 도자기가 전해지면서 한층 더 고조되었다. 특히 중국 자기는 '동양에서 온 하얀 금'으로 불리며 유럽 상

제임스 휘슬러, 「보라색과 장밋빛」(Purple and Rose), 1864.

류층을 순식간에 매료시켰다.

산업화 이전에 유럽은 중국에 비해 문화적 수준이 한참 뒤떨어져 있었다. 중국의 물품과 문화는 유럽인에게는 신선한 자극제였다. 특히 유구한 차 문화와 고품격의 도자기는 유럽인을 단번에 사로잡았다.

왕족과 귀족들 중에는 중국풍 인테리어와 소품에 심취한 수집가들이 많았다. 대표적인 인물로 폴란드 왕 오귀스트 2세는 유럽에서 제일가는 동양 도자기 수집가였다. 그는 프러시아의 프레데릭 기욤 1세가 소유하고 있던 용문양의 중국 청자 한 점을 600명의 기마 군단과 맞바꿀 정도로 중국 도자기에 심취했다.

중국 도자기는 유럽 도공들을 자극했다. 이탈리아 메디치 포슬린을 비롯해 유럽 각국의 도공들은 도자기를 직접 생산하기 위한 기술 개발에 열을 올린다. 그리고 마침내 1709년 독일 드레스덴 교외에 위치한 마이센Meissen 가마에서 중국식 자기 제조법을 밝혀내면서 유럽 최초의 자기가 탄생한다. 자국의 기술로 도자기를 제작하고 싶은 욕망이 어찌나 강했던지 마이센 자기 탄생의 역사는 한 편의 잔인한 드라마를 연상시킨다.

당시 독일 작센의 선제후 아우구스투스 2세는 군자금이 필요했다. 처음에는 연금술사인 요한 F. 뵈트거1682~1719를 감금해 황금을 만들도록 명령했다. 실패가 거듭되자 왕은 금 대신에 도자기를 만들라고 지시한다. 시누아즈리 열병이 일면서 중국 도자기가 황금과 맞먹는 가치를 가지게 되었기 때문이다. 뵈트거의 실험실 입구에 적힌 "창조주는 연금술사를 도공으로 바꾸셨다"라는 글귀는 한 순간에 연금술사에서 도공이 된 자신의 신세에 대한 한탄이자 쓸쓸한 체념이었다.

동료와 함께 자기를 개발하는 데 전념한 뵈트거는 마침내 붉은 자기를 만들어냈고 뒤이어 흰색 자기를 굽는 데도 성공했다. 부딪히면 맑고 투명한 소리를 내는 유럽 최초의 백자가 탄생하면서 드디어 유럽에도 자기의 시대가 열린다. 하지만 뵈트거는 창살 없는 감옥 같은 제조실에서 쓸쓸히 생을 마감했다.

뵈트거 이후, 요한 G. 해롤트와 요하킴 J. 켄들러에 의해 마이센 자기는 예술품으로 조금씩 자리를 잡아간다. 이들은 초반에는 중국의 징더전 자기와 일본의 이마리 도자기 디자인을 모방했지만 점차 마이센 특유의 개성을 담았다. 해롤트는 회화적 요소를, 켄들러는 조각적 요소를 자기에 표현하며 유럽 왕실과 귀족의 욕구에 부응했다. 마이센이 자기를 제작한 지 약 반세기 만에 오스트리아, 프랑스, 영국 등 유럽 전역으로 자기 제작기법이 급속히 확산되었고 유럽 내 도자기 경쟁이 시작됐다.

도자를 예술로 이끈 웨지우드

영국도 자국의 기술력으로 도자기를 생산하고자 열을 올렸다. 영국의 도자기 가마는 유럽에서도 가장 늦게 지어졌다. 1750년대에 이르러서야 영국에 도자기 제조기법이 전해지고 공방이 세워졌다. 그리고 마침내 도예를 예술의 경지로 끌어올린 영국 도자기 역사상 가장 중요한 인물이 나타난다. 바로 진화론을 펼친 찰스 다윈의 외할아버지, 조사이어 웨지우드1730~95다.

웨지우드의 차 도구는 중국과 어깨를 나란히 할 수 있을 정도로 훌륭했다. 1762년 조지 3세의 아내 샬롯 여왕에게 선물한 퀸즈 웨어Queen's Ware로 조사이어 웨지우드는 '여왕의 도공'으로 인정받게 된다. 이를 비롯해 수많은 작품이 있지만 1774년에 만든, 훗날 웨지우드의 트레이드 마크가 되는 재스퍼Jasper, 벽옥자기는 걸작 가운데 걸작이다.

당시는 상류층 자제들이 학문과 예술의 수준이 세계 최고인 이탈리아로 교양을 쌓는 여행을 떠나는 그랜드 투어 시대였다. 웨지우드는 이 여행자들로부터 폼페이 유적지가 발굴되었다는 소식을 듣게 된다. 도자기 재스퍼의 아이디어가 여기서 나왔다.

재스퍼는 청색, 녹색, 황색, 흑색 등의 바탕에 그리스 로마 신화의 이미지를 무광택의 백색 문양으로 장식한 작품이다. 그 빛깔과 문양의 섬세한 아름다움은 감탄을 절로 불러일으키는데, 웨지우드 자신도 극찬했을 정도다. 4년간, 약 1만 번의 실험을 반복한 끝에 얻은 작품이었다. 재스퍼의 제작방식은 이전에 그 어떤 도예가도 시도한 적이 없는 독창적인 것으로 도자기 예술의 정점을 보여주었다.

위 웨지우드의 티포트와 밀크포트.
아래 웨지우드 최고 명품 '포틀랜드 꽃병'.

조사이어 웨지우드의 수많은 걸작 중에서 특히 인상적인 작품이 있다. 그는 1789년 말 로마 시대의 진품인 '포틀랜드 꽃병'을 그대로 모조하는 데 성공한다. 진품 포틀랜드 꽃병은 오늘날까지 내려오는 로마의 유물 가운데 최고의 보물로, 눈부시게 흰 카메오 조각으로 장식된 검은 유리병이다. 이것은 고대 로마의 유산인 유리공예의 진수를 보여주는 유명한 골동품이다.

기원후 79년, 나폴리 만의 베수비오스 화산이 폭발하면서 폼페이와 헤르쿨라네움은 순식간에 용암과 잿더미 아래에 파묻혔다. 고대 로마의 문화를 고스란히 간직한 두 도시는 18세기 중반에 발굴되기 전까지 천 년 이상이나 빛을 보지 못한 채 묻혀 있었다.

두 도시가 발굴되던 당시, 영국 대사로 나폴리에 주재한 윌리엄 해밀턴 경은 조각과 도자, 장식품과 건축 자재 등 발굴지에서 출토되는 골동품을 다량으로 수집했다. 한정된 수량의 진품을 구매해 본국으로 반출할 수 있는 재력과 권력은 극소수의 귀족들만 갖고 있었다.

해밀턴의 컬렉션은 정확한 삽화가 실린 카탈로그로 출판되었으며, 골동품 애호가들뿐 아니라 고대 미술에 대한 정확한 고증을 원하는 많은 미술가들의 필수품이 될 정도였다. '포틀랜드 꽃병'은 원 소장자인 해밀턴이 포틀랜드 공작부인에게 매각하면서 그 이름을 얻었다.

조사이어 웨지우드는 소장자인 포틀랜드 공작의 허가를 얻어

진품을 연구하기 시작했다. 그는 이처럼 많은 이들이 열망하지만 단 한 사람밖에 가질 수 없었던 고대 로마의 진품인 포틀랜드 꽃병을 공식적으로 복사했다. 마침내 웨지우드는 재스퍼 웨어를 만들어 저렴한 가격에 진품과 같은 도자기를 대량생산할 수 있는 체제를 갖추었다. 포틀랜드 꽃병은 지금도 판매 중이다. 도금된 제품의 가격은 2만 파운드약 3천 4백만 원, 재스퍼 웨어로만 된 제품은 5천 파운드약 850만 원 정도다. 엄청난 가격이지만 진품에 비하면 약과다. 진품 포틀랜드 꽃병은 현재 영국 박물관에 소장되어 있다.

2009년에 250주년을 맞은 웨지우드의 역사는 세계 유명 디자이너와의 협업으로 새로운 전기를 맞았다. 럭셔리 웨딩드레스 디자이너 베라 왕, 탁월한 인테리어 감각을 지닌 디자이너 바바라 베리, 그래픽 아티스트이자 저택, 요트, 영국 항공 일등석을 디자인한 켈리 호튼이 바로 그들이다. 웨지우드의 파트너인 그들은 각자의 개성에 웨지우드의 전통과 실용성을 담아 영원히 사랑받을 최고의 작품을 만들어내고 있다.

웨지우드는 영국을 넘어 미국 백악관, 러시아 크레믈린 궁, 교황청 등에서 사용되고 있으며 또 세계 정상급 선물로 애용되어왔다. 영국 의회와 세계 최고급 호텔, 전 세계 부호의 탁자를 웨지우드가 아름답게 장식하고 있다.

그러나 '누구나' 웨지우드의 고객이 될 수 있다. "모두가 기쁘게 쓸 아름답고 가벼우며 튼튼한 그릇"을 만들고자 한 창업자의 뜻은

250년이 지난 현재도 유효하다. 포틀랜드 꽃병이 아니더라도 우리의 식탁은 웨지우드 차 도구와 그릇들로 우아하게 빛날 수 있다.

의자 디자인에서 모티브를 가져온 바바라 베리의 '뮤지컬 체어', 세계적으로 가장 인기 있는 디자이너인 재스퍼 콘란의 '블루 버터플라이', 정원의 패턴에서 영감을 얻은 '스위트 플럼', 19세기 후반 고딕 양식에서 비롯한 '플로렌틴 시리즈', 언제 봐도 질리지 않는 웨지우드의 대표 도자기 '와일드 스트로베리'. 이들 시리즈 가운데 어느 것 하나만 있어도 여왕의 식탁이 부럽지 않을 것이다.

피시 앤 칩스

단순하며 현실적인, 가장 영국적인 맛이야!

잉글리시 브렉퍼스트English Breakfast, 로스트비프Roast Beef, 피시 앤 칩스Fish & Chips? 아무리 생각해봐도 영국의 대표음식이라면 이것이 전부니 실망스러울 따름이다.

대영제국의 빈약한 상차림

푸딩도 꽤나 유명하지만 생김과 내용물이 보통의 푸딩과는 달라 종종 여행객들의 식욕을 떨어뜨리곤 한다. 소고기를 굽다가 고기 밑으로 뚝뚝 떨어진 기름에 달걀과 밀가루, 우유를 반죽해서 구워내는 요크셔푸딩Yorkshire Pudding이나, 돼지고기와 피를 섞어 만든 검은색 소시지인 블랙푸딩Black Pudding이 그것이다.

또 송아지나 양의 내장에 오트밀 등을 섞어 순대처럼 속을 채운

스코틀랜드 전통 음식인 해기스Haggis도 떠오르지만 한 나라를 대표하는 음식치고는 다분히 지역적이다. 그럼 음식 맛은 어떤가. 결론적으로, 이토록 무미건조한 음식들을 큰 불평 없이 먹어온 민족은 아마도 영국인들밖에 없을 것이다.

잘 알려진 대로 '잉글리시 브렉퍼스트'는 빵, 베이컨, 소시지, 달걀, 토마토, 버섯 그리고 마멀레이드가 기본이다. 여기에 튀기거나 삶은 연어나 대구, 블랙푸딩이나 해기스 등이 더해진다. 이 아침식사를 잉글랜드에서는 '풀 잉글리시'Full English, 스코틀랜드에서는 '풀 스카티시'Full Scottish, 아일랜드에서는 '얼스터 프라이'Ulster Fry라 부른다.

그러나 모든 영국인이 이런 아침을 먹는다고 생각하는 순진한 사람은 없을 것이다. 잉글리시 브렉퍼스트는 영국을 여행하는 관광객들이 평생의 추억으로 한두 번, 또 전통에 목매는 상류층 사람들이 일주일에 두세 번 고집스레 먹는 일종의 상징적인 메뉴다. 대부분의 영국인은 이 장황한 메뉴에서 반 이상을 생략한다. 샌드위치와 커피 또는 홍차 정도면 충분할 정도로 분주한 아침을 맞이하기 때문이다.

『달걀, 베이컨, 감자튀김 그리고 콩』*Egg, Bacon, Chips and Beans*이라는 책이 있다. 러셀 데이비스가 영국 전역을 돌면서 카페 50곳을 소개한 것인데, 우리로 치자면 밥과 국, 생선, 김치 등으로 구성된 백반을 파는 집을 찾아 한 나라의 구석구석을 탐방한 결과물이다. 한

식에서 어느 하나라도 빠지면 백반의 모양새가 안 나듯 잉글리시 브렉퍼스트를 파는 소규모 식당이나 선술집, 샌드위치 바, 카페 등에서도 달걀, 베이컨, 감자튀김, 삶은 콩을 기본 메뉴로 한다. 여기에 비용을 더 내고 다른 음식을 추가할 수 있다. 책장을 넘기다보면 작가 자신은 물론이고 보통의 영국인들이 이 소박한 음식에 얼마나 많은 애정을 가지고 있는지 절절하게 전해진다.

또 다른 대표 음식으로, 일요일에 가족 모두가 모여 식사하는 관습 때문에 '선데이 로스트'Sunday Roast라고 불리는 로스트비프가 있다. 그렇지만 만드는 방법이 특별식의 조리법치고는 황량하기 그지없다. 소고기를 뭉툭 베어내 오븐에 구워내는 게 전부다.

못마땅한 이웃 나라를 씹고 싶을 때 그들이 먹는 음식을 도마에 올리는 것은 예나 지금이나 마찬가지다. 과거 다른 유럽 사람들은 엄청난 양의 소고기를 먹는, 그것도 로스트비프처럼 통째로 먹는 영국인들을 보고 무척이나 놀라워했다. 심지어 그 모습을 야만스럽게 보기까지 했다.

18세기 신문이나 포스터에 사용된, 전형적인 영국인을 의인화한 존 불John Bull은 배불뚝이에 땅딸막한 중년 남자로 늘 붉은 얼굴이다. 여기에는 식탁에서의 예절이나 요리의 풍미를 즐기는 일은 뒷전이고 과식만을 일삼는 영국인들에 대한 조롱이 담겨 있다.

잉글리시 브렉퍼스트나 로스트비프와 마찬가지로 크게 색다를 것이 없는 음식이 '피시 앤 칩스'다. 더군다나 이 음식은 패스트푸드 같은 느낌마저 든다. 아무래도 생선튀김보다는 감자튀김에서 더욱 그런 인상을 받는다. 그럼에도 윈스턴 처칠은 두 튀김의 조화를 '좋은 친구'로 표현했다.

종류는 빈약하고, 조리법은 단조로운 영국 음식들. 그렇다고 이들 음식에 나름의 이유와 이야기가 없는 것은 아니다. 특히 감자와 생선이 어떻게 튀김으로 쌍을 이루게 되었는지는 자못 궁금하다.

빅토리아 시대 최고의 식재료

'피시 앤 칩스'는 생선과 감자를 거리에서 튀겨 팔던 것에서 출발했다. 하지만 처음부터 함께 먹었던 것은 아니다. 생선튀김이 감자튀김보다 30년쯤 일찍 등장했다. 소설 『올리버 트위스트』는 런던에서 생선튀김을 파는 가게를 자주 볼 수 있다고 묘사했다. 올리버가 런던의 뒷골목에서 좀도둑질을 배우며 시련의 나날을 보냈던 1837년에서 1839년 사이의 일이다.

생선튀김은 명목상 주재료가 생선이라는 걸 빼면 그다지 건강에 보탬이 되는 음식이 아니었다. 생선튀김에 쓰는 생선은 펄펄 뛰는 싱싱한 것과는 거리가 멀어도 한참 멀었다. 신선도가 떨어진 생선의 상한 냄새를 감추기 위해 튀겨 팔았기 때문이다. 그러나 하층민에게는 인기가 있었다.

우리 식으로 치자면 먼지를 많이 마셨거나 막노동 끝에 기름이 좔좔 흐르는 삼겹살로 목구멍을 청소하는 것과 비슷하다. 육체가 고단하면 담백한 것보다는 기름진 음식이 당기는 법이다. 비록 질 낮은 생선과 기름을 사용했더라도 생선튀김은 당시 하류층과 육체 노동자들에게는 큰 위로와 즐거움을 주었다.

생선튀김과 마찬가지로 감자튀김도 하류층의 음식이었다. 감자튀김 장사꾼은 극빈층을 상대로 집집마다 다니면서 그 집 앞에서 장사를 했다. 사람들은 그 자리에서 감자튀김을 먹고 가거나 종이에 둘둘 싸서 집으로 가져갔다. 생선튀김과 감자튀김을 언제부터 함께 팔았는지 분명하지는 않다. 다만, 1864년 런던 조지프 말린즈가 운영하는 레스토랑에서 가장 먼저 '피시 앤 칩스'를 팔았다는 사실에는 이견이 없다.

다급한 시대는 '패스트푸드'를 생산한다. 피시 앤 칩스도 빅토리아 시대의 산업화를 지나면서 대중음식으로 자리 잡았다. 빠르게 진행되는 산업화 물결 속에서 도시 노동자들은 집에서 여유롭게 요리하거나 음식을 먹을 수 없었다. 그들은 이른 아침부터 저녁까지 공장이나 건설 현장에서 힘든 노동을 해야만 했다. 피시 앤 칩스 가게는 고된 노동 후에 들러 시시콜콜한 잡담을 해가며 허기진 배를 채울 수 있는 곳이었다.

특히 생선은 노동자들이 빵과 기름, 차 위주의 단조로운 식사에서 벗어나게 해주었다. 피시 앤 칩스를 먹으면 튀김과 함께 주는 완두콩이나 강낭콩도 먹을 수 있어 영양분도 보충되었다. 윈스턴 처칠이 '좋은 친구'라고 표현한 것은 두 튀김이 잘 어울린다는 의

미도 있지만, 19세기 말부터 이 음식이 도시 노동계급의 좋은 친구가 되었다는 뜻도 담겨 있다.

한편에서는 피시 앤 칩스 가게를 드나드는 노동자들의 식습관을 못마땅해하는 이들이 있었다. 1910년경 6펜스 정도면 생선튀김 두 개와 감자튀김, 완두콩을 살 수 있었지만 비평가들은 무지와 부도덕을 들먹이며 "하층계급의 생활은 여러모로 낭비적"이라고 쏘아붙였다. 폭식과 나태 등 신이 금기한 것들로 이어질 수 있기에 가장 원초적인 먹는 즐거움도 가난한 사람들에게는 허락되지 않았다.

이들 비평가들의 불만은 노동자들의 낭비 때문만은 아니었다. 여기에는 감자에 대한 불편한 심기가 숨어 있다. 인류는 처음 감자를 발견한 때부터 2백년 동안 이 식물을 두려워하고 불신했다. 역사적으로 쌓여온 감자에 대한 숱한 오해가 감자튀김에까지 투영된 것이다.

대부분의 음식의 역사는 상류층에서 유행을 만들고 하류층이 이를 모방하는 형태로 흘러왔지만 감자의 경우는 아니었다. 감자의 사촌 격인 고구마는 희귀하다는 이유로 프랑스 헨리 8세를 비롯한 상류층으로부터 대접을 받았다. 반면에 감자는 처음 유럽에 들어왔을 때부터 뭇매를 맞았다. 1500년대 유럽 상류층은 처음 감자를 접했을 때 자신들의 음식으로 도저히 받아들일 수 없었다.

덩이 식물은 사람들에게 낯설었다. 대부분의 작물처럼 씨앗을

빈센트 반 고흐, 「감자 먹는 사람들」(The Potato Eaters), 1882.

뿌려 키우는 것과 달리, 이 식물은 감자 자체를 잘라 일부만 심어도 완전하게 자랐다. 땅 밑에서 자라는 것도 이상했고, 검고 울퉁불퉁하게 생긴 모양은 유럽인들이 가장 두려워하던 나병을 연상시켰다. 돌투성이의 척박한 땅에서 주렁주렁 열매를 맺는 것도 사람들은 기분 나쁘다며 싫어했다. 귀족들은 이런 감자는 돼지 같은 농민들에게나 어울리는 것으로 치부했다.

프랑스 학자 드니 디드로가 저술했던 『백과전서』에는 "감자는 확실히 장에 가스를 차게 한다. 하지만 농민과 노동자들은 왕성한 장기를 가졌으니 가스쯤 찬다고 해서 무슨 문제가 되겠는가?"라는 멸시와 조롱이 담겨 있다. 19세기 초, 스코틀랜드 농장 노동자의 일주일 식량은 17.5파운드의 오트밀과 약간의 우유 정도가 전부였다. 그런데도 이들은 자신들이 운이 좋은 편이라고 여겼다. 최소한 감자를 먹지 않아도 되었기 때문이다.

빈센트 반 고흐의 그림 「감자 먹는 사람들」에서처럼 19세기 후반에도 감자는 여전히 극빈자의 음식이었다. 이 그림에서 농부들은 감자와 함께 해외에서 건너온 커피를 마시고 있다. 이국의 음료가 흔해진 이때, 질은 좋지 않지만 영국의 극빈층은 홍차를, 프랑스의 극빈층은 커피를 즐겼다.

유럽 여느 나라 모두가 그랬지만 감자를 가장 멸시한 나라는 영국이었다. 감자는 '게으른 인간들의 식량'으로 분류되었다. 영국 중산층의 허영심을 채워주려면 적어도 밀 정도는 되어야 했다. 감자와 비교하면 밀은 정직한 것이었다. 밀은 입으로 들어오기까지 추수, 탈곡, 제분, 반죽, 발효, 제빵 등의 순수한 땀과 노력을 필요로 했다. 그에 비해 감자는 "삽 한 자루와 냄비 하나만 있으면 다섯 살 아이도 삶아 먹을 수 있는" 부도덕한 것이었다. 자만심과 허영심이 강한 영국의 중산층은 이런 감자를 도무지 두고 볼 수가 없었다.

이보다 더 좋을 순 없다

그런데도 감자는 영국인들의 생활과 문화 속으로 야금야금 파고들었다. 감자를 더 이상 조롱의 대상이 아닌 식생활의 중심으로 받아들일 수밖에 없었던 계기가 있었는데, 그것은 산업혁명이었다. 산업화는 도시와 도시를 연결시키고 시골 사람들을 도시로 불러들였다. 에든버러에서 런던까지 1754년에는 열흘이 걸렸지만 1786년에는 사흘로 단축됐다. 런던은 물론, 맨체스터와 리버풀 같은 공업도시가 급성장하면서 사람들이 계속 늘어났다.

도시의 인구 증가는 당장 먹거리를 변화시켰다. 감자가 다른 유럽 국가에서는 시골의 식탁을 먼저 장악했지만 영국은 도시에서 더 필요로 했다. 식량 수송에는 시간과 비용이 많이 들었기 때문에 결코 만만한 작업이 아니었다. 비록 감자가 밀의 대체품이 되지는 못했지만 장점은 있었다. 감자는 부피가 크고 무거워서 운송은 부담스러웠지만 거의 모든 땅에서 자라기 때문에 언제든 조달할 수 있었다. 또 밀처럼 제분할 필요도 없었다.

이런 감자의 장점을 최대로 이용한 곳이 잉글랜드 북서부 지역, 주로 랭커셔 주와 체셔 주였다. 이곳의 온화한 기후와 비옥한 땅은 감자가 자라기에 적합했다. 체셔 주의 프로즈엄 자치구를 연결하는 운하는 이곳에서 생산되는 양질의 감자를 산업화의 중심지인 맨체스터와 리버풀에 영국의 어떤 지역보다도 더 많이 공급했다. 감자는 노동을 줄여줄 뿐 아니라, 기근의 대비책이 되었으며, 또 식사를 간편하게 도왔다. 적은 양의 기름과 소금만으로도 요리가 가능하고, 본래의 밍밍한 맛 때문에 다른 요리와 곁들여 먹기도 좋았다.

오늘날 감자는 영국뿐 아니라 전 세계의 식탁에 가장 자주 오르는 식재료다. 삶고, 볶고, 으깨고 또 다양한 방법과 크기로 요리해 주식과 부식, 간식으로 먹는 등 그 쓰임이 무궁무진하다. 영국의 사회문제조사센터가 한 음식의 국가적 중요성을 조사했는데, 영국인의 90퍼센트가 감자튀김을 먹고 있는 것으로 밝혀졌다. 또 이들 과반수는 일주일에 최소한 한 번은 감자튀김을 먹는다. 음식에 무심한 편인 영국인들이지만 놀랍게도 감자튀김에 대해서는 국가적인 음식이라며 열을 올린다. '단순하며 현실적인' 음식이라는 이유에서다.

결과적으로 여러 면에서 '피시 앤 칩스'는 영국인들이 인정하는 가장 이상적인 음식이 되었다. 변화무쌍한 기후 때문에 다양한 채

소나 과일이 자라기 힘든 기후이지만 감자는 영국 전역에서 잘 자란다. 가장 잘 자라는 식재료이기 때문에 어디를 가든 그 맛의 평균은 보장된다. 감자튀김의 경우, 미국식 햄버거와 함께 나오는 감자튀김의 그 빈약한 맛과는 비교할 수 없을 정도다.

또 섬나라의 특성상 잡히는 생선도 다양하고 신선하다. 무엇보다 이 요리는 빠르게 조리할 수 있고 가격도 저렴한 편이다. 피시 앤 칩스는 역사적으로 영국인들이 그토록 강조해왔던 '현실적인 맛' 그 자체다.

카페와 티룸

일상의 휴식처에서 창조의 작업장이 되다

요즘 영국 대도시의 대세는 카페다. 유럽에서 가장 먼저 커피하우스가 탄생한 영국이 다시 카페 전성시대를 맞고 있다. 스타벅스, 코스타, 카페 네로, 프레타망제 등 영국 정통 커피하우스가 아닌 미국과 이탈리아 등지의 다국적 체인점이 도심의 알짜배기 장소를 채우고 있다. 수도 런던의 경우, 오래된 소규모 가게들이 문을 열고 닫는 일이 해가 뜨고 지는 풍경만큼이나 흔해졌다.

온라인 카페와 오프라인 카페

전 세계적인 현상이지만 영국에서도 토박이 카페와 역사적인 카페들이 점점 사라지고 있다. 그 가운데 2008년, 143년 전통의 '카페 로열'Cafe Royal이 문을 닫았다. 그나마 다행스럽게도 2012년 런던 올림픽 기간에 맞춰 '카페 로열 호텔'로 다시 문을 열면서 카페 로열의 명맥을 이어가고 있다.

카페 로열은 진정한 최초의 레스토랑이라고 할 수 있는 런던의 명소였다. 1865년 문을 연 이곳의 정식 이름은 '카페 레스토랑 로열'이다. 19세기가 지나면서 상업으로 성공한 새로운 계층의 사람들이 등장했고, 이들은 여가와 생활의 품격을 추구하려는 욕망이 강했다. 당시 프랑스 요리는 훌륭한 맛의 대명사로 통했다. 카페 로열은 프랑스 요리 전문가들이 요리하는 진짜 프랑스 요리를 맛보고자 하는 엘리트층과 귀족층의 기대치를 만족시켰다.

영국의 유명 배우인 허버트 트리는 "가장 영국인다운 영국인을 보고 싶으면 카페 로열에 가라"고 했다. 수많은 유명 인사들이 카페 로열을 찾았다. 어린 에드워드 8세와 조지 6세가 이곳에서 점심식사를 했고, 윈스턴 처칠 전 영국 총리도 다녀갔다. 화가인 제임스 휘슬러와 오브리 비어즐리도 단골 손님이었다. 대식가로 유명한 작가 오스카 와일드도 이곳을 자주 찾았는데, 그는 극단적인 미식가로 요리사와 매 코스를 논의할 정도였다.

몇 세기 동안 무수한 것들이 변했다. 이제 영국인다운 영국인을 보려면 어디로 가야 하는 걸까. 그럼에도 카페는 문인, 예술가, 정치가 들이 제집 안방처럼 드나들었던 초기 커피하우스 시절과 크게 다르지 않은 것 같다. 달라진 점이라면 대화와 정보를 나눌 때는 온라인, 커피와 차를 마시며 휴식을 취할 때는 오프라인 카페

문을 주로 두드린다는 것이다.

최근에는 여기에 또 다른 풍경이 더해졌다. 우후죽순으로 도시에 카페가 생기는 것은 만나야 할 사람들이 많아졌다기보다는 그곳에서 일을 하는 사람들이 늘었기 때문이다. 오죽하면 'Coffee+Office'를 합한 '코피스족'이라는 말이 나왔겠는가. 카페에서 공부나 일을 하는 사람이 늘면서 생긴 신조어다.

일본의 베스트셀러 작가 사이토 다카시는 카페에서 수많은 글을 써왔다. 카페의 활용도를 다룬 『15분이 쓸모 있어지는 카페 전략』도 펴냈다. 작가의 말대로라면, 카페는 분위기가 자유롭고 편안한 가운데 긴장감을 주는 '편안한 공공성'을 제공한다. 카페에서는 타인의 시선 때문에 늘어지게 자거나, 분주히 돌아다니는 행위가 아무래도 제한된다. 그런 면에서 카페는 집이나 회사보다 집중도가 높은 장소다. 이 책은 잠시 쉬는 시간에도 아득바득 뭔가 생산적인 일을 하라기보다는 편안함과 공공성이라는 카페의 장점을 활용해 15분을 쓸모 있게 사용해보라고 제안한다.

카페에서 마시는 음료는 일을 하거나 창의적인 사색을 하는 데 도움을 준다. 카페에서 흔히 마시는 커피나 차, 초콜릿 음료 등은 두뇌의 몰입을 돕는다. 아늑하고 편안한 분위기에서 몸과 마음은 이완시키고 머리는 예민하게 만드는 일석이조의 효과를 노릴 수 있다. 또한, 카페는 요즘 사람들의 옷차림, 취향 등을 엿볼 수 있는 곳으로 이야기를 나누지 않아도 결코 지루한 장소가 아니다.

카페라는 일상의 공간에서 세계적으로 가장 유명한 작품을 집 필한 작가라면 아마도 이 사람일 것이다. 영국 에든버러의 니콜슨 카페는 해리포터 시리즈와 함께 유명해졌다. 작가 조앤 K. 롤링의 비루했던 삶은 소설 속 주인공만큼이나 극적이다. 그녀는 결혼을 했고, 이혼을 했다. 국가 보조금으로 어린 딸을 키우며 지독한 가 난 속에서 살았다. 한 치 앞을 볼 수 없는 검은 터널 속에서 살던 그 녀의 유일한 빛은 글쓰기였다.

그녀는 잠든 딸을 유모차에 태우고 공원과 카페를 돌며 공상하 고 생각하며 글을 썼다. 그리고 드라이든과 디포의 후예답게 해리 포터 시리즈 첫 번째 책, 『해리포터와 마법사의 돌』을 완성했다. 조 앤이 죽치고 앉아 글을 썼던 이 카페는 이제 세계인이 찾는 관광 명소가 되었다.

카페보다 많은 티룸

영국은 먹는 것보다 '마시는 것'에 더 애정을 쏟는 나라다. 특히 홍차는 마실 거리의 뿌리고 줄기며 꽃이다. 1840년대 금주운동이 확산되면서 알코올이 아닌 음료를 찾는 영국인들의 발걸음은 점 점 금주업소로 향했다. 1862년 런던에 A.B.C 티룸이 문을 열면서 영국인들, 특히 여성들의 홍차 사랑은 더욱 극진해진다.

18세기에 티가든이 유행하면서 사회활동이 자유롭지 않았던 여 성들의 숨통이 트였는데, 19세기에는 티룸이 그 바통을 이어받았다. 여성들은 커피보다 홍차를 선호했으며, 홍차를 집안의 응접실이나 정원에서 접대하는 분위기가 확산되면서 티룸 역시 자연스레 인기를 누리게 된다.

현재 영국에는 엄청나게 많은 티룸이 있으며 그 수는 카페보다 많다. 영국차협회에는 셀 수 없을 정도로 많은 티룸이 등록되어 있다. 협회는 매년 최고의 티룸을 선정한다. 그 심사기준이 워낙 까다로워 여기서 우승하면 영국 최고의 티룸이라는 명예를 얻게 된다. 다방면으로 차 문화를 키워온 차협회의 노력 덕에 영국 도심의 거리는 커피 향기로만 뒤덮이지 않았다. 조금만 눈을 돌려도 정원을 낀 티룸들이 골목 곳곳에 포진해 있다.

영국에는 박물관과 미술관, 식물원, 영화관, 자치센터, 식당 등어디를 가나 차와 티푸드를 즐길 만한 공간이 마련되어 있다. 특히시골의 정서는 커피보다 홍차 쪽으로 기운다. 아침부터 티룸으로발걸음을 옮기는 이들이 많다. 도심의 카페들이 혼자 조용히 일을하기 위한 목적지향형 장소로 바뀌고 있다면, 시골의 티룸은 여전히 인정이 넘치고 대화가 오가는 사랑방 같은 장소다.

홍차의 나라인 만큼 대부분의 카페에서도 차를 판매하기 때문에 티룸이 카페와 어떤 차이가 있는지 헷갈릴 수 있다. 결론적으로다양하고 풍부한 홍차의 풍미를 느끼려면 카페가 아닌 티룸으로가야 한다. 머그잔에 티백을 제공하는 카페와는 비교할 수 없을 만큼 뛰어난 홍차의 질은 물론이고 근사한 티웨어Tea Ware, 티타임에 사

클로드 모네, 「점심」(Le Dejeuner), 1873.

용되는 홍차 도구들를 즐길 수 있다.

홍차와 티푸드의 궁합

영국인들이 카페보다 티룸을 찾는 이유는 또 있다. 맛있는 티푸드가 있어서다. 최초의 티룸인 A.B.C The Aerated Bread Company Ltd. 티룸의 이름에서도 알 수 있듯이 처음 이곳의 주요 메뉴는 빵이었다. 그러나 여주인이 고객들과 차를 나누면서 이 또한 메뉴의 큰 부분을 차지하게 된다.

일찍이 영국은 수렵과 채취를 통해 식문화를 유지했다는 기록이 남아 있는 것을 보면 빵의 역사도 길었을 것으로 기대되지만 다른 유럽 국가들에 비해 짧은 편이다. 산업혁명과 제2차 세계대전 등을 거치면서 가정에서 빵을 만드는 일이 어려워졌고 빵의 질보다 양이 더 중요했기 때문이다. 또 영국 토양에서 잘 자라는 감자가 빵을 대체했다. 그러다 경제적으로 여유가 생기면서 영국인들은 뒤늦게 빵의 매력에 빠졌고, 이것이 티푸드에도 영향을 주었다.

스콘, 잉글리시 머핀, 샌드위치, 크럼펫 잉글랜드 전통 팬케이크, 케이크, 파이, 푸딩 등은 영국 전역에서 맛볼 수 있는데, 지역에 따라 더 맛있는 티푸드가 따로 있다. 잉글랜드 남서부 데번셔와 콘월 지방에서는 지방 함량이 많은 소젖의 크림이 지역 특산물로 유명하다. 각각 데번셔 클로티드 크림 Devonshire Clotted Cream과 코니시 클로티드 크림 Cornish Clotted Cream으로 불리며 서로 맛을 겨루는 경쟁이

치열하다. 홍차에 스콘을 반으로 갈라 클로티드 크림을 발라 먹으면 '크림티'가 된다. 크림티는 11세기 데번셔에서 영국 전역으로 유행처럼 번져나갔다.

스코틀랜드에서는 밀과 감자, 귀리 등을 주재료로 직접 구운 과자와 빵을 차와 함께 마신다. 특히 쇼트 브레드는 버터향이 진하고 바삭한 비스킷으로 홍차와 잘 어울린다. 북아일랜드는 감자 요리가 발달했다. 티타임에도 감자 팬케이크를 즐겨 먹는다.

근래에 홍차와 곁들이는 가장 일반적인 티푸드는 케이크다. 19세기 중반까지도 케이크는 흔히 맛볼 수 있는 것이 아니었다. 18세기 중엽에 문을 연 티가든의 메뉴에는 케이크가 없었다. 당시에는 버터 바른 빵인 브레드 & 버터가 주요 티푸드였다. 케이크는 값이 너무 비쌌다. 영국으로 수입되는 설탕 양이 적어 값이 상당했기 때문이다.

케이크의 생김도 지금과는 달랐다. 밀가루에 달걀, 버터, 우유, 설탕에 절인 과일 그리고 술을 섞어 반죽한 것을 구워낸 과자 형태였다. 산업혁명이 있고 19세기 후반이 돼서야 서민들도 설탕 맛을 좀 보게 되었다. 하지만 그때도 귀족들은 비싼 플럼 케이크 Plum Cake, 자두나 건포도, 과일 설탕절임, 럼주가 들어감를, 서민들은 쇼트 케이크 Short Cake, 버터를 넣어 만든 바삭한 비스킷를 먹었다.

홍차와 궁합이 가장 잘 맞는 티푸드라면 '스콘'일 것이다. 밀가루에 버터를 듬뿍 넣고 굽는 스콘은 겉은 바삭하고 속은 부드러운 것이 특징인데 그 생김도 맛도 소박하다. 스콘의 유래에 대해 여러 이야기가 있는데 그 중 하나가 돌과 관련이 있다. 스콘은 원래 수세기에 걸쳐 스코틀랜드 왕의 대관식에 사용하던 돌로, 스콘석 Stone of Scone 또는 운명의 돌Stone of Destiny로 불렸다.

이 돌은 스코틀랜드 사람들의 자부심을 상징하는 물건이었으나 1296년 잉글랜드의 왕 에드워드 1세에 빼앗겨 웨스트민스터 사원으로 옮겨졌다. 이후 우여곡절 끝에 1996년 영국 정부의 결정에 따라 스코틀랜드로 돌아오게 되었다. 스콘 빵은 이 돌의 생김과 닮아서 붙여진 이름이다. 스콘석 이야기는 영화 「스톤 오브 데스티니」로도 제작되었다.

『빈에서는 인생이 아름다워진다』에서 저자는 빈 사람들에게 카페는 '제2의 집'이라고 표현했다. '널브러져서 쉬거나 놀고 있는' 사람들의 모습이 마치 자신의 집에 있는 것처럼 자연스러웠기 때문이다. 어디 빈 사람들뿐이겠는가. 카페와 티룸이 처음 문을 연 때부터 지금까지 사람들이 이곳을 찾는 가장 궁극적인 이유는 여유를 찾아서다. 산을 오르거나 산책을 하거나 음악을 들어도 되지만, 이런 막연한 여유로움과 카페나 티룸에서 누리는 그것은 조금 다르다.

카페와 티룸은 오감五感이 작동하는 공간이다. 시각을 자극하는 외관과 근사한 실내 디자인, 피부로 전해지는 포근한 소파의 촉감과 나무 테이블의 편안함, 미뢰를 건드리는 달고 시고 쓴 다양한 맛들. 이런 감각에 앞서 팽창한 코를 스치는 향기로 이들 맛을 상상하게 된다. 또 사람들의 웅성거리는 소리가 거슬리기도 하지만 예민한 귀는 그 뒤로 흐르는 음악에 집중할 수 있다.

우리는 여유를 갖기 위해 카페와 티룸을 찾지만, 한편으로 자신의 모든 감각을 일깨우고 싶어 찾기도 한다. 이곳에서 사람들의 대화는 더 생기가 넘치고, 아이디어는 더 날카로워진다. 그래서 영국의 수많은 문인, 예술가, 정치가 들은 단골 카페와 티룸이 있었다.

인생까지는 아니더라도 일상이 풍요로워지려면 우리도 자신만의 향긋한 공간이 필요하다. 21세기에도 여전히, 많지 않은 돈으로 자신의 살아 있는 감각을 확인할 수 있는 장소는 그리 흔치 않다. 그러니 지금, 자신만의 향기로운 집을 찾아 오감을 깨워줄 홍차 한 잔을 맛보는 건 어떨까. 아주 느긋하게.

본문 속 인용문의 출처

21쪽. 이광주, 『동과 서의 차 이야기』(한길사, 2002), 324쪽.

24쪽. 서머싯 몸, 권정관 역, 『불멸의 작가, 위대한 상상력』(개마고원, 2008), 96쪽 재인용.

39쪽. 베아트리스 호헤네거, 조미라·김라현 역, 『차의 세계사』(열린 세상, 2012), 154쪽.

62쪽. 샤오루 궈, 변용란 역, 『연인들을 위한 외국어사전』(민음사, 2009).

65쪽. 니코스 카잔차키스, 이종인 역, 『영국 기행』(열린책들, 2008), 76쪽.

68쪽. 케이트 폭스, 권석하 역, 『영국인 발견』(학고재, 2010), 43쪽 재인용.

71쪽. 다이앤 애커먼, 백영미 역, 『감각의 박물학』(작가정신, 2004), 15쪽.

72쪽. 마르셀 프루스트, 김창석 역, 『잃어버린 시간을 찾아서 1』(국일 미디어, 1998), 69쪽.

74쪽. 다이앤 애커먼, 송희경 역, 『천 개의 사랑』(살림, 2009), 212쪽.

75쪽. 케네스 벤디너, 남경태 역, 『그림으로 본 음식의 문화사』(예담, 2007), 238~239쪽 재인용.

79쪽. 조지 기싱, 이상옥 역, 『기싱의 고백』(효형출판, 2000), 333~335쪽.

82쪽. 무라카미 하루키, 윤성원 역, 『먼 북소리』(문학사상사, 2004), 244~245쪽.

88쪽. 케이트 폭스, 권석하 역, 『영국인 발견』(학고재, 2010), 451쪽.

90쪽. 아서 코난 도일, 승영조 역, 『주석 달린 셜록 홈즈 I』(북폴리오, 2006), 849쪽.

97쪽. 곰브리치, 백승길·이종승 역, 『서양미술사』(예경, 2002). 존 컨스터블, 「건초수레」의 해설.

122쪽. 폴 프리드먼, 주민아 역, 『미각의 역사』(21세기북스, 2009), 220쪽 재인용.

144쪽. 조지 오웰, 이한중 역, 『나는 왜 쓰는가』(한겨레출판, 2010), 92쪽.

148쪽. 조지 오웰, 이한중 역, 『위건 부두로 가는 길』(한겨레출판, 2010), 217쪽.

149쪽. 조지 오웰, 이한중 역, 『위건 부두로 가는 길』(한겨레출판, 2010), 129~130쪽.

151쪽. 서머싯 몸, 권정관 역, 『불멸의 작가, 위대한 상상력』(개마고원, 2008), 222쪽 재인용.

167쪽. 다이앤 애커먼, 송희경 역, 『천 개의 사랑』(살림, 2009), 207쪽.

174쪽. 니코스 카잔차키스, 이종인 역, 『영국 기행』(열린책들, 2008), 215쪽.

198쪽. 스튜어트 리 앨런, 정미나 역, 『악마의 정원에서』(생각의 나무, 2005), 164쪽.

208쪽. 베아트리스 호헤네거, 조미라·김라현 역, 『차의 세계사』(열린 세상, 2012), 103~104쪽 재인용

229쪽. 폴 프리드먼, 주민아 역, 『미각의 역사』(21세기북스, 2009), 230쪽 재인용.

231쪽. 조셉 조네이도, 구은혜 역, 『만들어진 아동』(마고북스, 2011), 179쪽 재인용.

237쪽. 이광주, 『동과 서의 차 이야기』(한길사, 2002), 295쪽 재인용.

참고문헌

단행본

- A.N. 윌슨, 윤철희 역, 『런던의 짧은 역사』(을유문화사, 2005).

- 가와기타 미노루, 장미화 역, 『설탕의 세계사』(좋은책만들기, 2003).

- 김택중, 『찰스 디킨스의 런던』(태학사, 2004).

- 니코스 카잔차키스, 이종인 역, 『영국 기행』(열린책들, 2008).

- 다이앤 애커먼, 백영미 역, 『감각의 박물학』(작가정신, 2004).

- 다이앤 애커먼, 송희경 역, 『천 개의 사랑』(살림, 2009).

- 로저 에커치, 조한욱 역, 『밤의 문화사』(돌베개, 2008).

- 마틴 게이퍼드, 주은정 역, 『다시, 그림이다』(디자인하우스, 2012).

- 무라카미 하루키, 윤성원 역, 『먼 북소리』(문학사상사, 2004).

- 박지향, 『영국적인, 너무나 영국적인』(기파랑, 2006).

- 베아트리스 호헤네거, 조미라, 김라현 역, 『차의 세계사』(열린세상, 2012).

- 브라이언 모이나한, 김상수 역, 『20세기 포토 다큐 세계사: 영국의 세기』(북폴리오, 2006).

- 빈프리트 뢰쉬부르크, 이민수 역, 『여행의 역사』(효형출판, 2003).

- 빌 브라이슨, 박중서 역, 『거의 모든 사생활의 역사』(까치, 2011).

- 샤오루 궈, 변용란 역, 『연인들을 위한 외국어사전』(민음사, 2009).

- 스튜어트 리 앨런, 정미나 역, 『악마의 정원에서』(생각의 나무, 2005).

- 스티븐 밀러, 진성록 역, 『소크라테스가 에미넴에게 말을 걸다』(부글북스, 2006).

- 시드니 민츠, 김문호 역, 『설탕과 권력』(지호, 1998).

- 아서 코난 도일, 승영조 역, 『주석 달린 셜록 홈즈 1』(북폴리오, 2006).

- 윌리엄 서머셋 모옴, 권정관 역, 『불멸의 작가, 위대한 상상력』(개마고원, 2008).

- 윌리엄 조지 호스킨스, 이영석 역, 『잉글랜드 풍경의 형성』(한길사, 2007).

- 이광주, 『동과 서의 차 이야기』(한길사, 2002).

- 이소부치 다케시, 강승희 역, 『홍차의 세계사, 그림으로 읽다』(글항아리, 2010).

- 정은희, 『홍차 이야기』(살림, 2007).

- 조셉 조네이도, 구은혜 역, 『만들어진 아동』(마고북스, 2011).

- 조지 기싱, 이상옥 역, 『기싱의 고백』(효형출판, 2000).

- 조지 오웰, 이한중 역, 『나는 왜 쓰는가』(한겨레출판, 2010).

- 조지 오웰, 이한중 역, 『위건 부두로 가는 길』(한겨레출판, 2010).

- 조지프 A. 아마토, 김승욱 역, 『걷기, 인간과 세상의 대화』(작가정

신, 2006).

- 쥘 베른, 김석희 역, 『80일간의 세계일주』(열림원, 2007).
- 케네스 벤디너, 남경태 역, 『그림으로 본 음식 문화사』(예담, 2007).
- 케이트 폭스, 권석하 역, 『영국인 발견』(학고재, 2010).
- 콜린 테일러 센, 강경이 역, 『커리의 지구사』(휴머니스트, 2013).
- 킴 윌슨, 조윤숙 역, 『그와 차를 마시다』(이룸, 2006).
- 테리 탄, 강소영 역, 『영국』(휘슬러, 2005).
- 톰 스탠디지, 차재호 역, 『역사 한 잔 하실까요』(세종서적, 2006).
- 폴 프리드먼, 주민아 역, 『미각의 역사』(21세기북스, 2009).
- 피터 멘젤·페이스 달뤼시오, 김승진·홍은택 역, 『헝그리 플래닛』(윌북, 2008).

주간지

- 〈중앙 선데이〉(300회) 이진숙의 ART BOOK 깊이 읽기, 『호크니, 다시 그림이다』.
- 〈중앙 선데이〉(327회) 인터뷰, 판타지 베스트셀러 『일곱 번째 아들』 시리즈 작가 조셉 딜레이니.

홍차, 너무나 영국적인
지금 우리에게 홍차 한 잔이 필요한 이유

지은이 박영자
펴낸이 김언호

펴낸곳 (주)도서출판 한길사
등록 1976년 12월 24일 제74호
주소 1088 경기도 파주시 광인사길 37
홈페이지 www.hangilsa.co.kr
전자우편 hangilsa@hangilsa.co.kr
전화 031-955-2000~3 **팩스** 031-955-2005

부사장 박관순 **총괄이사** 김서영 **관리이사** 곽명호
영업이사 이경호 **경영이사** 김관영 **편집주간** 백은숙
편집 박희진 노유연 최현경 이한민 박홍민 김영길
마케팅 정아린 **관리** 이주환 문주상 이희문 원선아 이진아
디자인 창포 **CTP출력 및 인쇄** 예림 **제본** 예림

제1판 제1쇄 2014년 12월 26일
제1판 제5쇄 2023년 4월 14일

값 18,000원
ISBN 978-89-356-6928-8 03920